cuisine à la plancha

cuisine à la plancha

Stéphan Lagorce

Photographies, Philippe Vaurès-Santamaria
Stylisme, John Bentham

hachette
CUISINE

sommaire

je veux la recette !

2 pincées de thym frais / Préparation 15 min / parfaite pour accompagner les viandes / Versez un peu d'huile sur la plancha / MÉLANGE QUATRE-ÉPICES / Épinards minute à la plancha / ajoutez les épinards, le piment de Cayenne / La botte secrète d'Aude et Leslie / AJOUTEZ 100 G DE GORGONZOLA / Vous en trouverez dans les épiceries spécialisées / Cuisson 25 min / sel et poivre mignonette / DÉGUSTEZ UN BLANC ESPAGNOL / Sur une autre partie de la plancha, faite chauffer un peu d'huile / Calamars à la plancha / Laissez macérer au froid pendant 1 h / Le verre de vin qui va bien / 6 BELLES GAMBAS / Faites cuire 1 ou 2 min en remuant très souvent / mélangez à la main le poisson, le safran, les poireaux / 2 dosettes de safran en poudre / C'est carrément emballant / Préparation 10-12 min / SEL ET POIVRE / puis servez aussitôt avec une salade de poivrons par exemple / Pétoncles poivre et sel / Comptez 2 min de cuisson environ / 1 botte de ciboulette / un beau chablis / Vous en trouverez dans les épiceries spécialisées / Eh oui, les langoustines peuvent aussi être cuites à la plancha / et 5 cuil. à soupe d'huile d'olive / C'EST À TOMBER PAR TERRE ! / La cuisine chinoise, ça marche très bien à la plancha / 2 cuil. à soupe de nuoc-mâm / Faites sauter pendant 1 min / Une recette à faire pour deux / saupoudrez de piment de Cayenne et servez sans attendre / 4 DEMI-MANGUES SURGELÉES / Vous pouvez remplacer les noix par des noix de pécan au goût plus subtil / 1 pomme

Galette de pommes de terre

PRÉPARATION 15 MIN | **CUISSON** 15 MIN | **COÛT** ★ | **DIFFICULTÉ** ★

> UNE GALETTE DE POMMES DE TERRE TRÈS FACILE À FAIRE, PARFAITE POUR ACCOMPAGNER LES VIANDES ET AUTRES GRILLADES.

1 Coupez la poitrine de porc en petits dés et passez-la rapidement dans l'eau chaude. Égouttez puis faites dorer ces lardons pendant 1 à 2 min sur la plancha avec un peu d'huile. Réservez. Épluchez les pommes de terre puis rincez-les à l'eau froide. Avec un robot ménager ou une râpe à main, taillez-les en filaments assez fins, exactement comme des carottes râpées.

2 Procédez rapidement car ainsi coupées, les pommes de terre noircissent très vite. À cette étape ne les lavez pas car c'est l'amidon contenu dans les pommes de terre qui permet à la galette de tenir sans se casser. Assaisonnez avec du sel et du poivre. Ajoutez le thym, le persil et la poitrine de porc cuite.

3 Versez un peu d'huile sur la plancha chauffée à feu moyen. Placez dessus le mélange de pommes de terre râpées, et, avec une cuillère à soupe, formez une galette d'épaisseur constante d'environ 3 cm. Cuisez à feu moyen pendant 7 à 8 min environ puis retournez la galette comme une crêpe. Cuisez à nouveau pendant une petite dizaine de minutes. Les deux faces de la galette doivent être bien dorées et appétissantes. Lorsque la galette est cuite, posez-la sur une planche et coupez-la en quatre parts égales. Servez aussitôt sans laisser refroidir.

Les ingrédients pour 4 personnes

100 g de poitrine de porc fumée
600 g de pommes de terre bintjes de grosse taille
2 pincées de thym frais
½ botte de persil plat haché
huile pour la cuisson
sel et poivre noir fraîchement moulu

Pour varier_ Agrémentez la galette d'un peu de fromage râpé, d'herbes, de jambon fumé, de fines lanières de poivrons, etc.

le tuyau de laurence

Délicieux avec un peu de mélange quatre-épices.

Méli-mélo de légumes au romarin

PRÉPARATION 25 MIN | **CUISSON** 10 MIN | **COÛT** ★ | **DIFFICULTÉ** ★

→ UNE RECETTE VÉGÉTARIENNE TRÈS FACILE À FAIRE, DÉLICIEUSE ET VRAIMENT ADAPTÉE À LA CUISSON À LA PLANCHA. VARIEZ LES LÉGUMES AU GRÉ DES SAISONS. PARFAIT POUR ACCOMPAGNER LES POISSONS OU À DÉGUSTER SEUL.

1 Épluchez ou lavez les légumes, selon leur nature. Avec une râpe, un appareil électrique ou au couteau, détaillez-les assez finement, en tranches, rondelles ou bâtonnets, selon votre choix.

2 Hachez assez finement les feuilles de romarin et le thym. Ajoutez ces aromates aux légumes avec du sel et du poivre.

3 Versez un peu d'huile d'olive sur la plancha chauffée à feu assez soutenu puis faites tomber les légumes dessus avant que l'huile ne commence à fumer.

4 Faites cuire entre 5 et 10 min, selon les légumes utilisés, en remuant assez souvent. Gardez bien les légumes légèrement croquants (pensez à goûter pendant la cuisson). Placez les légumes cuits dans un saladier et arrosez de quelques gouttes d'huile d'olive et de citron. Servez aussitôt.

Les ingrédients pour 4 personnes

1 kg de légumes variés de votre choix (courgettes, poivrons, oignons, aubergines, petits poireaux, céleri branche, tomates cerise, etc.)
quelques feuilles de romarin
1 brin de thym frais
quelques gouttes de citron
huile d'olive
sel et poivre

Pour varier_ Pensez aussi aux courgettes jaunes, aux aubergines tigrées, au potimarron (à couper assez petit), aux patates douces, etc.

la botte secrète d'aude et leslie

Pour un apéro festif, servez ces délicieux légumes enroulés dans des tranches de pancetta ou de viande des Grisons. Maintenez les bouchées à l'aide de cure-dents. Vous pouvez même les tremper dans une petite sauce *pesto* + huile d'olive.

Caponata à la plancha

PRÉPARATION 25 MIN | **CUISSON** 15 MIN | **COÛT** ★ | **DIFFICULTÉ** ★

→ VOUS NE CONNAISSEZ PAS LA *CAPONATA*, CES MERVEILLEUX LÉGUMES ITALIENS LÉGÈREMENT VINAIGRÉS ? QUELLE CHANCE, LA PLANCHA EST PARFAITE POUR LES PRÉPARER ! VOUS POURREZ LES DÉGUSTER CHAUDS, OU LES LAISSER REFROIDIR ET LES PROPOSER EN ENTRÉE, OU ENCORE LES UTILISER POUR ACCOMMODER DES PÂTES FRAÎCHES.

1 Épluchez les oignons. Lavez le fenouil et éliminez ses tiges vertes. Lavez les branches de céleri. Épépinez les poivrons. Lavez la courgette et épluchez la carotte. Avec un couteau, détaillez tous ces légumes, oignons compris, en tiges de la taille du petit doigt, approximativement.

2 Faites chauffer la plancha à feu moyen puis faites tomber dessus quelques gouttes d'huile d'olive. Ajoutez les oignons et laissez cuire 2 min en remuant. Ajoutez le fenouil, le céleri, les poivrons, la courgette et la carotte. Salez, poivrez et faites cuire à couvert pendant 10 min environ en remuant souvent. Ce temps de cuisson est relatif : il dépend des légumes utilisés et de votre plancha. Les légumes ne doivent pas colorer mais cuire lentement. Salez, poivrez, versez le vinaigre sur les légumes, mélangez puis sortez du feu.

3 Goûtez les légumes : ils doivent rester légèrement croquants et être agréablement acidulés. Au moment de les servir, mélangez-les avec un peu d'huile d'olive et, en option, un peu de basilic et/ou d'ail frais haché mais aussi des câpres ou des anchois à l'huile.

Les ingrédients pour 4 à 6 personnes

2 oignons rouges
2 oignons blancs
1 beau bulbe de fenouil
4 branches de céleri
1 poivron jaune
1 poivron rouge
1 courgette
1 grosse carotte
6 cuil. à soupe de vinaigre blanc
huile d'olive
sel et poivre

le tuyau de laurence

Idéal à proposer à l'apéritif avec des piques en bois.

le verre de vin qui va bien

Proposez un valpolicella.

Taloa (galettes basques à la plancha)

PRÉPARATION 10 MIN | **RÉFRIGÉRATION** 1 H | **CUISSON** 10 MIN | **COÛT** ★ | **DIFFICULTÉ** ★

> CETTE SPÉCIALITÉ BASQUE EST TOUTE SIMPLE ET DÉLICIEUSE. ELLE SE FAIT IDÉALEMENT À LA PLANCHA MAIS À LA POÊLE, ÇA MARCHE AUSSI.

1 Commencez par mélanger les deux farines dans un récipient creux, puis ajoutez le sel. Versez ensuite l'eau, l'huile et travaillez à la main jusqu'à obtenir une pâte relativement ferme. Faites une boule et laissez-la reposer pendant 1 h au réfrigérateur, enveloppée de film alimentaire.

2 Divisez la boule en quatre parts égales (davantage si vous êtes plus nombreux) puis étalez-les au rouleau à pâtisserie pour obtenir des galettes rondes et un peu épaisses. Vous avez vos *taloa*. Faites-les cuire sur votre plancha, légèrement huilée et chauffée à feu moyen, pendant 3 à 4 min de chaque côté. Surveillez-les bien : les *taloa* doivent être cuits à l'intérieur et juste colorés en surface. Le défaut fréquent est de les cuire sur une plancha trop chaude : ils sont alors presque noirs en surface et crus dedans. Servez les *taloa* bien chauds.

Les ingrédients pour 4 personnes

200 g de farine de type 65
200 g de farine de maïs
1 cuil. à café de sel
18 cl d'eau
4 cuil. à soupe d'huile
+ un peu pour la cuisson

Astuces_ • Version salée : accompagnez les *taloa* de jambon de Bayonne, de ventrèche, de petites saucisses, d'une piperade, etc. • Version sucrée : avec une bonne confiture d'Itxassou, une pâte de coing, un bon carré de chocolat noir, etc.

À savoir_ La quantité d'eau donnée ici est indicative : elle varie selon les types de farine. Si la pâte est trop ferme, ajoutez-en au cours du mélange.

Champignons mélangés à la plancha

PRÉPARATION 15 MIN | **CUISSON** 15 MIN | **COÛT** ★★★ | **DIFFICULTÉ** ★

→ UNE RECETTE À FAIRE EN PLEIN AUTOMNE QUAND LE CHOIX DE CHAMPIGNONS EST VASTE.

1 Équeutez les champignons puis lavez-les (seulement si c'est nécessaire car l'eau enlève du goût aux champignons). Pelez les gousses d'ail, effeuillez le bouquet de persil.

2 Hachez l'ail et le persil. Coupez en tranches les plus gros champignons (cèpes, champignons de Paris). Versez quelques gouttes d'huile sur la plancha chauffée à feu assez vif.

3 Faites tomber tous les champignons à la fois. La cuisson doit être assez rapide et vous devez remuer les champignons presque tout le temps. Salez, poivrez et laissez cuire 7 à 8 min environ.

4 Ajoutez l'ail et le persil hachés dans les champignons, laissez cuire encore 5 min en mélangeant très souvent. Vérifiez l'assaisonnement puis servez les champignons bien chauds.

Les ingrédients pour 4 personnes

200 g de cèpes
200 g de girolles
200 g de trompettes-de-la-mort
200 g de beaux champignons de Paris
2 gousses d'ail
1 petit bouquet de persil plat
huile d'arachide pour la cuisson
sel et poivre

Astuce_ Versez 2 ou 3 cuil. à soupe de cognac dans les champignons, à la fin de la cuisson.

la botte secrète d'aude et leslie

Une recette idéale avec un bon rôti de veau ou un magret de canard. Mmm...

le verre de vin qui va bien

Proposez un côtes-de-bourg.

Épinards minute à la plancha

PRÉPARATION 15 MIN | **CUISSON** 8 MIN | **COÛT** ★ | **DIFFICULTÉ** ★

→ L'ÉPINARD EST SANS DOUTE LE DERNIER LÉGUME QU'ON S'ATTEND À VOIR SUR UNE PLANCHA... POURTANT, CELA MARCHE TRÈS BIEN, MAIS PAS POUR PLUS DE 2 OU 3 PERSONNES SINON LA QUANTITÉ À CUIRE EST TROP IMPORTANTE. UNE RECETTE À FAIRE AUSSI AVEC DES POUSSES D'ÉPINARDS.

1 Équeutez et lavez soigneusement les épinards. Coupez les plus grosses feuilles puis égouttez-les dans une passoire. Passez-les ensuite à l'essoreuse à salade pour en éliminer le plus d'eau possible.

2 Épluchez les gousses d'ail (éliminez les germes si besoin) puis hachez-les finement. Faites chauffer la plancha à feu assez vif puis versez l'huile d'olive au milieu. Ajoutez l'ail et faites-le cuire 1 min environ en le mélangeant sans arrêt.

3 Quand l'ail haché commence juste à colorer (pas plus sinon il devient très amer), ajoutez les épinards, le piment de Cayenne, puis salez ; enfin, poivrez très légèrement.

4 Faites cuire en remuant sans arrêt. Dès que les épinards sont amollis et commencent à bouillir dans leur jus, répartissez-les dans deux ou trois assiettes creuses, sans oublier leur jus, qui contient une bonne partie des vitamines et des sels minéraux. Arrosez de quelques gouttes d'huile de sésame... et dégustez !

Les ingrédients pour 2 à 3 personnes

6 belles poignées d'épinards
2 gousses d'ail
2 pincées de piment de Cayenne
huile de sésame
4 cuil. à soupe d'huile d'olive pour la cuisson
sel et poivre

Pour varier_ Remplacez le piment de Cayenne par le quart d'1 petit piment frais épépiné et haché, à cuire en même temps que l'ail.

la botte secrète d'aude et leslie

Nous, on adoooore le mélange épinards-gorgonzola : faites chauffer 20 cl de crème liquide dans une casserole ; quand elle frémit, ajoutez 100 g de gorgonzola en morceaux et poivrez. Une fois que le mélange est bien fondu, nappez-en vos épinards.

le tuyau de laurence

Saupoudrez de graines de sésame et servez avec des crevettes cuites aussi à la plancha.

Fenouil et poitrine fumée à la plancha

PRÉPARATION 25 MIN | **CUISSON** 25 MIN | **COÛT** ★ | **DIFFICULTÉ** ★

→ UNE MANIÈRE TRÈS AGRÉABLE DE FAIRE DÉCOUVRIR (OU REDÉCOUVRIR) LES FENOUILS À CEUX QUI NE LES CONNAISSENT PAS OU NE LES AIMENT PAS. UN VRAI DÉLICE, TOUT SIMPLE À FAIRE. UNE CONDITION POUR RÉUSSIR LA RECETTE : LA FRAÎCHEUR DES FENOUILS, IRRÉPROCHABLE.

1 Éliminez les feuilles externes des bulbes de fenouil (le plus souvent elles sont sèches et abîmées). Coupez ensuite les fenouils en trois grosses tranches, dans le sens de la hauteur. Le but est de ramener l'épaisseur du légume à 1 ou 2 cm pour faciliter et accélérer la cuisson. Salez les morceaux ainsi obtenus.

2 Versez 3 ou 4 cuil. à soupe d'huile d'olive sur la plancha bien chaude et faites cuire les tranches de fenouil 3 min sur chaque face. Puis, laissez-les refroidir quelques instants.

3 Entourez chaque tranche de fenouil d'1 tranche de poitrine fumée. Maintenez-la en place avec un cure-dents. Poivrez avec le poivre mignonnette, puis faites cuire à nouveau 4 à 5 min sur chaque face.

4 Versez un trait de vinaigre balsamique sur les fenouils au terme de la cuisson, laissez-le s'évaporer et enduisez-en bien les légumes. Placez les fenouils dans les assiettes, arrosez-les de quelques gouttes d'huile d'olive et servez aussitôt.

Les ingrédients pour 4 personnes

4 bulbes de fenouil
12 tranches de poitrine fumée
vinaigre balsamique
huile d'olive
sel et poivre mignonnette

Pour varier_ À faire aussi avec d'épaisses tranches de céleri boule.

Chou vert et chou chinois plancha à l'ail

PRÉPARATION 14 MIN | **CUISSON** 10 MIN | **COÛT** ★ | **DIFFICULTÉ** ★

→ ATTENTION : NE PRENEZ PAS DE CHOU FRISÉ POUR CETTE RECETTE MAIS BIEN DU CHOU VERT, QUE VOUS NE TROUVEREZ QUE DE MAI À AOÛT, ENVIRON. LE CHOU CHINOIS EST DISPONIBLE TOUTE L'ANNÉE EN GRANDES SURFACES OU DANS LES ÉPICERIES ASIATIQUES.

1 Éliminez les plus grosses côtes du demi-chou vert puis coupez les 2 demi-choux en lanières d'1 ou 2 cm de large environ. Épluchez les gousses d'ail (éliminez les germes si besoin) puis hachez-les finement. Épépinez et hachez aussi le demi-piment. Faites chauffer la plancha à feu assez vif puis versez l'huile d'arachide au milieu. Ajoutez l'ail, le piment et faites cuire 1 min en mélangeant sans arrêt.

2 Quand l'ail haché commence juste à colorer (pas plus sinon il devient amer), ajoutez tous les choux coupés, salez (pas trop), poivrez et faites cuire 10 min environ en remuant très souvent.

3 Quand les choux sont cuits (mais toujours légèrement croquants), ajoutez la sauce soja et le miel, laissez cuire encore 1 min en remuant puis placez les légumes dans un plat, sans chercher à les égoutter. Arrosez de quelques gouttes d'huile de sésame et servez bien chaud, avec le jus de cuisson.

Les ingrédients pour 4 personnes

½ chou vert
½ chou chinois
6 gousses d'ail
½ piment rouge
5 cl de sauce soja
1 cuil. à soupe de miel
huile de sésame
4 cuil. à soupe d'huile d'arachide pour la cuisson
sel et poivre

À savoir_ Le temps de cuisson dépend de la qualité des choux et de la plancha, sachez donc l'adapter en goûtant souvent en cours de cuisson.

Céleri, oignons rouges et carottes à la plancha, huile de noix et graines

PRÉPARATION 25 MIN | **CUISSON** 10 MIN | **COÛT** ★ | **DIFFICULTÉ** ★★

1 Lavez le pied de céleri, individualisez les branches et épluchez-les avec un couteau économe pour éliminer les fils. Si vous prenez un jeune pied de céleri, cette précaution est inutile. Épluchez les oignons et les carottes ; lavez le poireau.

2 Coupez le céleri et les carottes en bâtons de la taille d'un petit doigt, émincez les oignons, hachez finement le poireau.

3 Faites chauffer la plancha à feu assez vif et versez un trait d'huile d'olive dessus. Ajoutez le poireau et laissez-le cuire 2 min environ en remuant. Ajoutez ensuite tous les légumes, salez, poivrez et faites cuire 6 à 8 min environ en remuant souvent.

4 Placez les légumes sautés dans un plat, ajoutez un bon trait d'huile de noix, les graines et quelques gouttes de citron. Servez bien chaud.

Les ingrédients pour 4 personnes

½ pied de céleri
3 oignons rouges
4 belles carottes
1 blanc de poireau
huile de noix
50 g de graines mélangées (sésame, courge, tournesol, etc.) à acheter en épicerie bio
quelques gouttes de citron
huile d'olive pour la cuisson
sel et poivre

Astuce_ Ajoutez un peu de gingembre frais haché ou un peu de citronnelle finement émincée en cours de cuisson.

Pour varier_ Remplacez la moitié des carottes par 1 beau panais bien épluché.

la botte secrète d'aude et leslie

Pensez à ajouter une poêlée de noix de cajou juste avant de servir. Miam !

Brouillade tomatée à la plancha

PRÉPARATION 20 MIN | **CUISSON** 10 MIN | **COÛT** ★ | **DIFFICULTÉ** ★

1 Épluchez les oignons et les gousses d'ail. Si c'est la saison, prenez des gousses d'ail nouveau, c'est tellement meilleur. Émincez-les. Effeuillez la botte de basilic, émincez les feuilles, récupérez les feuilles des brins de thym. Coupez les tomates en tranches.

2 Faites chauffer la plancha à feu assez vif et versez un trait d'huile d'olive dessus. Ajoutez les oignons et l'ail et laissez cuire 2 à 3 min en remuant. Ajoutez les tomates. Poursuivez la cuisson encore 2 à 3 min. Pendant ce temps, battez les œufs.

3 Ajoutez le basilic, le thym et les œufs. Salez et poivrez. Faites cuire à feu très vif et en remuant constamment pour obtenir une brouillade assez grossière. Attention : au début les oeufs s'étalent rapidement ; ramenez-les au centre quand vous remuez avec la palette. N'essayez pas de faire de beaux œufs brouillés, ce n'est pas le but ! Servez la brouillade bien chaude dès qu'elle est cuite à votre goût : molle, moyenne ou très ferme.

Les ingrédients pour 4 personnes

4 oignons nouveaux
4 gousses d'ail
1 botte de basilic
2 petits brins de thym
400 g de belles tomates (cœur de bœuf ou olive)
8 œufs bio
huile d'olive pour la cuisson
sel et poivre

le tuyau de laurence

Fouettez vos œufs avec 2 belles cuil. de pistou.

le verre de vin qui va bien

Un beau cahors bien corsé ou, plus délicat, un bordeaux rosé.

Pommes de terre et carottes râpées à la plancha

PRÉPARATION 25 MIN | **CUISSON** 15 MIN | **COÛT** ★ | **DIFFICULTÉ** ★

→ PRENEZ DE BELLES CAROTTES DE SABLE ET DES POMMES DE TERRE À CHAIR FERME (CHARLOTTE, BELLE DE FONTENAY OU POMPADOUR) POUR CETTE RECETTE. ENCORE MEILLEUR EN AJOUTANT DU CÉLERI BRANCHE COUPÉ EN FINS BÂTONNETS. ADAPTEZ LE TEMPS DE CUISSON AUX LÉGUMES ET À LA PLANCHA QUE VOUS UTILISEZ.

1 Épluchez les carottes, les pommes de terre, puis râpez-les assez finement. Mélangez les 2 légumes, ajoutez le basilic haché, du sel et du poivre.

2 Faites chauffer la plancha à feu assez vif et versez un trait d'huile d'arachide dessus. Faites sauter les légumes en remuant assez souvent pendant 10 min environ, puis ajoutez le parmesan.

3 Mélangez, laissez cuire encore 5 min puis goûtez pour voir si les légumes sont cuits (ils peuvent rester très légèrement fermes).

4 Placez les légumes cuits dans un saladier, ajoutez les noix, l'huile de noix et le vinaigre balsamique. Vérifiez l'assaisonnement et servez chaud.

Les ingrédients pour 4 personnes

4 belles carottes
4 pommes de terre
10 feuilles de basilic
2 cuil. à soupe de parmesan
2 cuil. à soupe de noix hachées
2 cuil. à soupe d'huile de noix
2 cuil. à soupe de vinaigre balsamique
huile d'arachide pour la cuisson
sel et poivre

Pour varier_ Parfumez la recette avec de l'huile de courge ou de l'huile de sésame et remplacez le vinaigre par 1 jus de citron vert.

Tranches de courgettes bicolores et pétoncles à la plancha

PRÉPARATION 15 MIN | **CUISSON** 7 MIN | **COÛT** ★★ | **DIFFICULTÉ** ★

> UNE RECETTE ENFANTINE AU LOOK TERRIBLE ! ON TROUVE DES COURGETTES JAUNES EN GRANDES SURFACES (RELATIVEMENT SOUVENT) ET PLUS FACILEMENT ENCORE SUR LES MARCHÉS.

1 Faites décongeler les pétoncles. Essuyez les courgettes, éliminez les extrémités puis, avec un couteau à lame assez longue, détaillez-les en tranches de 5 mm environ, dans le sens de la longueur. Éliminez les pépins du piment et hachez-le (si vous l'utilisez). Épluchez l'échalote et hachez-la. Effeuillez la coriandre et hachez les feuilles. Pressez le jus des citrons ; réservez.

2 Faites chauffer la plancha à feu assez vif et versez un trait d'huile d'olive dessus. Déposez les tranches de courgette sur la plancha, sans les superposer (si besoin faites la cuisson en deux fois). Laissez cuire 1 à 2 min, retournez, laissez cuire le même temps puis placez les tranches de courgette dans un plat. Faites cuire ensuite les pétoncles salés et poivrés pendant 2 à 3 min puis déposez-les sur les courgettes.

3 Mélangez le jus de citron avec le piment, l'échalote et la coriandre hachés, ajoutez l'huile d'olive, du sel et du poivre. Versez cette sauce sur les courgettes et servez sans attendre.

Les ingrédients pour 4 personnes

250 g de pétoncles surgelés
2 belles courgettes vertes
2 belles courgettes jaunes
1 petit piment rouge (facultatif)
1 échalote
½ botte de coriandre
2 citrons verts
8 cuil. à soupe d'huile d'olive
+ 1 trait pour la cuisson
sel et poivre

la botte secrète d'aude et leslie

Pensez à faire un *mix* pétoncles et crevettes roses. Trop bon !

le tuyau de laurence

Vous pouvez saupoudrer d'un peu de graines de cumin.

le verre de vin qui va bien

Pourquoi pas un joli crémant-de-Loire, frais et tellement agréable.

Aubergines tigrées et fenouils à la plancha

PRÉPARATION 10 MIN | **CUISSON** 15 MIN | **COÛT** ★ | **DIFFICULTÉ** ★

→ LES AUBERGINES TIGRÉES SE RECONNAISSENT IMMÉDIATEMENT À LEUR APPARENCE CARACTÉRISTIQUE. SI VOUS NE LES CONNAISSEZ PAS, ESSAYEZ-LES ; ELLES SONT BIEN MEILLEURES QUE LES AUBERGINES « CLASSIQUES » : PLUS FONDANTES ET PLUS PARFUMÉES. SI VOUS EN TROUVEZ, TESTEZ AUSSI L'AUBERGINE DE SICILE, TOUTE RONDE ET, ELLE AUSSI, EXTRAORDINAIREMENT SAVOUREUSE.

1 Épluchez les aubergines, éliminez leurs extrémités. Coupez-les en tranches d'1 cm d'épaisseur, dans le sens de la longueur, ou en rondelles (c'est plus facile). Épluchez les gousses d'ail et hachez-les. Hachez également la ciboulette.

2 Éliminez les feuilles externes des bulbes de fenouil (le plus souvent elles sont sèches et abîmées). Coupez ensuite les fenouils en trois grosses tranches, dans le sens de la hauteur. Le but est de ramener l'épaisseur du légume à 1 ou 2 cm pour faciliter et accélérer la cuisson.

3 Faites chauffer la plancha à feu assez vif et versez un petit trait d'huile dessus. Posez les tranches d'aubergine et de fenouil sur la plancha et faites cuire 5 min. Retournez les tranches et faites cuire encore 10 min environ. Les tranches sont cuites lorsqu'elles sont bien dorées et tendres. Placez-les dans un plat.

4 Faites cuire et colorer légèrement les gousses d'ail hachées avec un peu d'huile puis mélangez-les aux aubergines avec un peu de jus de citron et la ciboulette hachée. Servez sans attendre.

Les ingrédients pour 4 à 6 personnes

- 3 aubergines tigrées
- 3 fenouils
- 6 gousses d'ail
- 1 botte de ciboulette
- ½ citron
- huile d'olive pour la cuisson
- sel et poivre

À savoir_ Ne soyez pas surpris par le temps de cuisson de ces aubergines, il est bien plus court que celui nécessaire pour les aubergines « classiques ».

le verre de vin qui va bien

Proposez un douro, délicieux vin rouge portugais.

Légumes sautés aux lardons fumés

PRÉPARATION 20 MIN | **CUISSON** 10 MIN | **COÛT** ★ | **DIFFICULTÉ** ★

1 Coupez les pommes de terre en tranches épaisses. Épluchez les oignons et les carottes. Lavez le céleri. Passez rapidement le chou dans l'eau chaude. Émincez assez finement tous ces légumes.

2 Faites chauffer la plancha à feu assez vif et versez un petit trait d'huile dessus. Commencez par faire sauter le lard fumé pendant 1 à 2 min. Ajoutez ensuite les oignons, les carottes, le céleri et le chou. Salez, poivrez et faites sauter pendant 5 min en remuant. Rajoutez les pommes de terre et le thym. Remuez et laissez cuire encore 1 à 2 min.

3 Quand les légumes sont cuits à votre goût, sortez-les de la plancha et placez-les dans un plat. Vérifiez l'assaisonnement puis ajoutez le beurre en mélangeant avec une cuillère en bois. Servez bien chaud.

Les ingrédients pour 4 personnes

300 g de pommes de terre cuites épluchées
2 oignons blancs
2 carottes
1 branche de céleri
1 chou vert
100 g de lardons fumés
1 pincée de thym frais ou sec
1 noix de beurre
huile d'arachide pour la cuisson
sel et poivre

À savoir_ Pour cette recette, prenez bien 1 chou vert et non 1 chou frisé. Cependant, vous pouvez aussi faire la recette avec du chou chinois au goût délicieusement sucré.

le verre de vin qui va bien

Proposez un cahors bien corsé.

Asperges vertes plancha à la chinoise

PRÉPARATION 25 MIN | **CUISSON** 5 MIN | **COÛT** ★★ | **DIFFICULTÉ** ★★

→ LES ASPERGES PEUVENT AUSSI CUIRE À LA PLANCHA. POUR BIEN FAIRE, NE LES PRENEZ PAS TROP GROSSES POUR QU'ELLES SOIENT TENDRES. AU TERME DE LA CUISSON, ELLES GARDENT TOUJOURS UNE LÉGÈRE FERMETÉ : C'EST CE QUI FAIT LE SEL DE CETTE RECETTE...

1 Plongez les asperges dans un grand volume d'eau salée, faites-les cuire pendant 3 min puis égouttez-les. Ne les faites surtout pas cuire complètement. Hachez finement l'ail.

2 Faites chauffer la plancha à feu vif et versez dessus l'huile d'arachide. Quand celle-ci est brûlante, faites revenir le gingembre et l'ail pendant 10 s environ. Ajoutez la sauce pimentée, les asperges précuites et mélangez bien. Salez, poivrez, laissez cuire 1 ou 2 min en remuant souvent.

3 Versez le bouillon, le sucre et le vin (attention à la vapeur : écartez-vous !). Laissez cuire à feu vif pendant 2 min encore en remuant sans arrêt. Les liquides doivent s'évaporer complètement. Ajoutez enfin l'huile de sésame, mélangez rapidement puis servez aussitôt.

Les ingrédients pour 4 personnes

500 g d'asperges épluchées et coupées en deux dans la longueur
4 gousses d'ail
2 cuil. à café de gingembre frais finement haché
2 cuil. à soupe de sauce pimentée chinoise
5 cl de bouillon (de légumes ou de viande)
1 cuil. à café de sucre
3 cuil. à soupe de vin blanc
1 cuil. à café d'huile de sésame
1 cuil. à soupe d'huile d'arachide pour la cuisson
sel et poivre

Pour varier_ Cette recette est aussi délicieuse en remplaçant les asperges par du céleri (boule ou branche) coupé en bâtonnets.

le verre de vin qui va bien

Proposez un verre de chablis.

Carottes plancha ail, gingembre, miel et jus d'orange

PRÉPARATION 15 MIN | **CUISSON** 10 MIN | **COÛT** ★ | **DIFFICULTÉ** ★

→ LES CAROTTES, ÇA PEUT ÊTRE DÉLICIEUX. VOUS EN DOUTEZ ? ALORS FAITES CETTE RECETTE ET VOYEZ PLUTÔT...

1 Pelez les carottes et coupez-les en tranches bien fines, légèrement en diagonale. Au besoin, et pour aller plus vite, coupez-les avec un robot ou alors râpez-les très grossièrement. Épluchez l'ail, le gingembre, les oignons et hachez-les grossièrement, comme le poireau.

2 Faites chauffer la plancha à feu assez vif. Versez l'huile dessus, puis faites aussitôt revenir l'ail, le gingembre, les oignons et le poireau pendant 1 min en remuant. Ajoutez ensuite les carottes et faites-les sauter pendant 5 min. Salez, poivrez.

3 Versez le jus d'orange sur les carottes, remuez, laissez-le s'évaporer complètement et poursuivez la cuisson pendant 4 min en baissant légèrement l'intensité du feu. Finissez la recette avec la coriandre hachée et le miel, mélangez puis servez, chaud ou froid.

Les ingrédients pour 4 personnes

500 g de carottes
3 gousses d'ail
1 cuil. à soupe de gingembre frais
6 oignons nouveaux
1 tronçon de blanc de poireau
le jus de ½ orange
1 botte de coriandre
2 cuil. à soupe de miel
4 cuil. à soupe d'huile d'arachide pour la cuisson
sel et poivre noir

la botte secrète d'aude et leslie

Pour accentuer le côté sucré-salé, ajoutez une belle poignée de raisins secs. *So delicious...*

Riz sauté au maïs et au gingembre

PRÉPARATION 25 MIN | **CUISSON** 10 MIN | **COÛT** ★ | **DIFFICULTÉ** ★

→ DU RIZ À LA PLANCHA... EH OUI, C'EST POSSIBLE, ET MÊME DÉLICIEUX !

1 Coupez les tranches de jambon en gros dés. Égouttez le maïs dans une passoire.

2 Faites chauffer la plancha à feu moyen avec l'huile d'arachide puis faites revenir le gingembre et les oignons nouveaux pendant quelques secondes. Ajoutez les dés de jambon et mélangez.

3 Ajoutez le riz froid, le maïs, du sel, du poivre et faites sauter pendant 2 min. Ajoutez l'huile de sésame, laissez cuire pendant encore 5 min toujours sans cesser de remuer. Si la plancha n'est pas trop chaude, le riz ne collera pas. Servez aussitôt en mettant un peu de sauce soja sur la table. Accompagnez ce riz de quelques crevettes ou de calamars cuits eux aussi à la plancha.

Les ingrédients pour 6 personnes

3 tranches de jambon
275 g de maïs en boite
½ cuil. à soupe de gingembre frais haché
6 oignons nouveaux hachés
500 g de riz cuit
2 cuil. à café d'huile de sésame
sauce soja
1 cuil. à soupe d'huile d'arachide pour la cuisson
sel et poivre

Pour varier_ Faites cette recette avec un riz sauvage ou du riz complet, c'est encore meilleur. Vous pouvez aussi ne pas mettre l'huile de sésame mais ajouter 1 ou 2 petites pincées de safran en cours de cuisson.

Pavés de cabillaud grillés à la sauce vierge

PRÉPARATION 10 MIN | **CUISSON** 8 MIN | **COÛT** ★★★ | **DIFFICULTÉ** ★

→ LE PLUS SIMPLE EST SOUVENT CE QU'IL Y A DE MEILLEUR... JUGEZ-EN PLUTÔT EN FAISANT CETTE RECETTE. VOUS POUVEZ REMPLACER LE CABILLAUD PAR DE LA JULIENNE OU DES ROUGETS.

1 Salez et poivrez les pavés de cabillaud. Faites chauffer la plancha à feu assez vif. Versez un peu d'huile dessus, puis faites aussitôt cuire les pavés. Comptez 8 min de cuisson environ, en les retournant une fois. Attention : ils doivent dorer mais ne pas trop colorer.

2 Pendant ce temps, coupez la tomate épépinée en petits dés, épluchez et hachez les oignons. Hachez aussi la ciboulette. Pressez les citrons verts. Dans un bol, mélangez la tomate, les oignons, la ciboulette, le jus de citron et l'huile d'olive. Salez et poivrez.

3 Déposez les pavés cuits sur les assiettes puis nappez-les avec la sauce vierge.

Les ingrédients pour 4 personnes

4 pavés de cabillaud
1 belle tomate
2 oignons nouveaux
1 botte de ciboulette
2 citrons verts
10 cl d'huile d'olive
+ un peu pour la cuisson
sel et poivre

le verre de vin qui va bien

Proposez un côtes-de-Provence rosé ou blanc.

Seiches à la plancha

PRÉPARATION 15 MIN | **RÉFRIGÉRATION** 1 H | **CUISSON** 5 À 8 MIN | **COÛT** ★★ | **DIFFICULTÉ** ★

1 Épongez bien les seiches avec un torchon propre. Salez et poivrez-les. Épluchez les gousses d'ail ; hachez-les. Émincez les feuilles de basilic. Dans une assiette ou un bol, mélangez à la main les seiches avec 2 ou 3 cuil. à soupe d'huile d'olive, l'ail et le basilic (gardez un peu de basilic haché pour servir). Laissez macérer au froid pendant 1 h au moins.

2 Faites chauffer la plancha à feu assez vif. Versez un tout petit peu d'huile dessus, puis faites aussitôt cuire les seiches. Laissez cuire 5 à 8 min environ, selon la taille des seiches, en les retournant de temps en temps.

3 Servez les seiches bien chaudes arrosées de quelques gouttes de citron et parsemées de basilic fraîchement haché.

Les ingrédients pour 4 personnes

4 seiches moyennes, préparées par le poissonnier
4 gousses d'ail
quelques feuilles de basilic
quelques gouttes de citron
huile d'olive
sel et poivre

la botte secrète d'aude et leslie

Vous pouvez troquer le basilic contre de la sauge.

le tuyau de laurence

Relevez un peu cette recette en saupoudrant d'un peu de piment en poudre.

le verre de vin qui va bien

Dégustez un blanc espagnol. Connaissez-vous les rias baixas ?

Calamars à la plancha

PRÉPARATION 15 MIN | **RÉFRIGÉRATION** 1 H | **CUISSON** 8 À 10 MIN | **COÛT** ★★ | **DIFFICULTÉ** ★

→ À NE FAIRE QU'AVEC DES CALAMARS ULTRAFRAIS ET DONT LA TAILLE NE DÉPASSE PAS CELLE DE LA MAIN, TENTACULES NON COMPRIS.

1 Avec un torchon propre, épongez bien les calamars. Salez et poivrez-les. Épluchez les oignons nouveaux et coupez-les en tranches. Hachez les brins de persil et le piment. Dans une assiette ou un bol, mélangez à la main les calamars avec 2 ou 3 cuil. à soupe d'huile d'olive, le piment haché et les oignons. Laissez macérer au froid pendant 1 h.

2 Faites chauffer la plancha à feu assez vif. Versez un tout petit peu d'huile dessus, puis faites aussitôt cuire les calamars. Comptez 8 à 10 min de cuisson environ, selon leur taille, en les retournant de temps en temps.

3 Servez les calamars bien chauds arrosés de quelques gouttes de citron et parsemés de persil haché.

Les ingrédients pour 4 personnes

4 calamars préparés par le poissonnier
6 oignons nouveaux
quelques brins de persil
½ piment rouge
quelques gouttes de citron
huile d'olive
sel et poivre

la botte secrète d'aude et leslie

Quelques pincées de curry en poudre apporteront un petit goût inimitable.

le verre de vin qui va bien

Proposez un rosé de Navarre ou du rioja.

Gambas au gingembre

PRÉPARATION 15 MIN | **CUISSON** 10 MIN | **COÛT** ★★★ | **DIFFICULTÉ** ★★

> POUR BIEN FAIRE, CHOISISSEZ DE GROSSES GAMBAS SURGELÉES QUE VOUS DÉCONGÈLEREZ VOUS-MÊME. SACHEZ QUE VOUS POUVEZ AUSSI FAIRE LA RECETTE AVEC DE TRÈS GROSSES LANGOUSTINES.

1 Avec une paire de ciseaux, coupez l'extrémité des têtes de gambas : elles seront plus faciles à manger, moins coupantes pour les lèvres. Coupez le gingembre pelé et le blanc de poireau en bâtonnets assez fins.

2 Faites chauffer la plancha à feu assez vif et versez dessus quelques gouttes d'huile. Salez les gambas et faites-les cuire 10 min environ (plus ou moins selon leur taille) en les retournant souvent.

3 Ajoutez alors le gingembre et les poireaux. Faites cuire 1 ou 2 min en remuant très souvent. Pressez le citron et versez le jus sur les crevettes, laissez-le s'évaporer puis retirez du feu. Saupoudrez les crevettes de piment et servez sans attendre avec un riz nature ou des légumes sautés.

Les ingrédients pour 2 personnes

6 belles gambas
1 morceau de gingembre gros comme un pouce
1 morceau de blanc de poireau gros comme un pouce
1 citron
1 belle pincée de piment de Cayenne
huile d'arachide pour la cuisson
sel

le verre de vin qui va bien

Proposez un soave italien frais.

Filets de sardine farcis au basilic et pignons de pin

PRÉPARATION 20 MIN | **CUISSON** 6 À 8 MIN | **COÛT** ★★ | **DIFFICULTÉ** ★★

1 Salez et poivrez les filets de sardine. Entourez chaque morceau de tomate d'1 feuille de basilic et entourez le tout d'1 filet de sardine. Maintenez ensemble les bouchées ainsi réalisées avec un ou deux cure-dents piqués en travers.

2 Épluchez la gousse d'ail et hachez-la, comme la tomate épépinée. Écrasez grossièrement les pignons de pin. Mélangez ensemble l'ail, la tomate, les pignons de pin, le parmesan, l'huile d'olive et le vinaigre. Salez, poivrez et réservez.

3 Faites cuire les filets de sardine farcis sur la plancha bien chaude et légèrement huilée pendant 6 à 8 min, en les retournant une fois, très délicatement.

4 Servez les filets de sardine nappés de leur sauce aux pignons de pin et accompagnés d'une salade verte et de pommes de terre cuites à l'eau.

Les ingrédients pour 4 personnes

16 beaux filets de sardine
16 morceaux de tomate confite
16 feuilles de basilic
1 gousse d'ail
1 tomate
2 cuil. à soupe de pignons de pin
2 cuil. à soupe de parmesan
4 cuil. à soupe d'huile d'olive
+ un peu pour la cuisson
3 cuil. à soupe de vinaigre balsamique
sel et poivre

le verre de vin qui va bien

À servir avec un graves blanc un peu frais.

Noix de saint-jacques à la plancha

PRÉPARATION 15 MIN | **RÉFRIGÉRATION** 1 H | **CUISSON** 2 À 3 MIN | **COÛT** ★★ | **DIFFICULTÉ** ★

→ À PRÉPARER DÈS LE 15 OCTOBRE, AVEC LE DÉBUT DE LA SAISON DES COQUILLES SAINT-JACQUES.

1 Épongez bien les noix de saint-jacques (et les coraux s'il y en a) avec un torchon propre. Salez et poivrez-les. Épluchez les oignons nouveaux et hachez-les. Hachez grossièrement les feuilles de coriandre. Dans une assiette ou un bol, mélangez à la main les saint-jacques avec 2 à 3 cuil. à soupe d'huile d'olive et les oignons. Laissez macérer au froid pendant 1h.

2 Faites chauffer la plancha à feu assez vif. Versez un tout petit peu d'huile dessus, puis faites aussitôt cuire les noix de saint-jacques. Comptez 2 à 3 min de cuisson tout au plus, voire moins selon la taille des saint-jacques, en les retournant de temps en temps.

3 Disposez les noix de saint-jacques dans un plat, arrosez-les de sauce soja, de jus de citron et d'un bon trait d'huile de sésame. Finissez le plat en le parsemant de coriandre hachée. Servez sans attendre.

Les ingrédients pour 4 personnes

16 noix de saint-jacques
4 oignons nouveaux
1 botte de coriandre
2 à 3 cuil. à soupe d'huile d'olive
+ un peu pour la cuisson
5 cl de sauce soja
le jus de ½ citron
huile de sésame
sel et poivre

le tuyau de laurence

Délicieux avec un riz parfumé ou des germes de soja sautés.

le verre de vin qui va bien

Proposez un riesling servi assez frais.

Saumon plancha à l'unilatéral

PRÉPARATION 10 MIN | **CUISSON** 10 MIN | **COÛT** ★★ | **DIFFICULTÉ** ★

→ DANS CETTE RECETTE, LE SAUMON N'EST CUIT QUE D'UN SEUL CÔTÉ ET L'AUTRE RESTE DONC PRESQUE CRU... C'EST CE QUI EN FAIT TOUTE LA SAVEUR ! POUR BIEN FAIRE, PRENEZ DU SAUMON SAUVAGE.

1 Écrasez grossièrement les grains de poivre avec le plat d'un gros couteau ou le dos d'une casserole. Salez les pavés et poivrez-les côté peau. Pressez le citron et hachez l'aneth. Huilez légèrement les pavés, passez-les dans l'aneth haché puis mettez-les à cuire sur la plancha chauffée à feu moyen. Comptez 8 à 10 min de cuisson.

2 Disposez les pavés de saumon dans les assiettes, arrosez-les de quelques gouttes de citron et d'un beau trait d'huile d'olive. Terminez en parsemant les pavés d'aneth haché. Servez sans attendre.

Les ingrédients pour 4 personnes

4 pavés de saumon, avec peau
6 grains de poivre noir
1 citron
1 botte d'aneth
huile d'olive
sel et poivre

la botte secrète d'aude et leslie

Pensez à faire mariner vos pavés de saumon dans 3 cuil. à soupe d'huile d'olive et autant de sauce teriyaki pendant 20 min.

le tuyau de laurence

Délicieux avec un riz parfumé ou des germes de soja sautés.

le verre de vin qui va bien

Proposez un fendant de Saint-Léonard juste frais.

Rougets plancha au citron vert et fenouil

PRÉPARATION 15 MIN | **CUISSON** 10 MIN | **COÛT** ★★ | **DIFFICULTÉ** ★

→ PRÉPAREZ CETTE RECETTE À LA FIN DE L'ÉTÉ, DÉBUT DE L'AUTOMNE, QUAND LES ROUGETS SONT ABONDANTS SUR LES ÉTALS ET LES PRIX SOURIANTS. LA RECETTE, SOMME TOUTE TRÈS SIMPLE, PEUT AUSSI SE FAIRE AVEC DES PETITES DAURADES.

1 Écrasez ou hachez finement les graines de fenouil. Prélevez 2 zestes de citron vert avec un économe et hachez-les finement. Hachez la ciboulette. Pressez les 2 citrons. Épluchez les oignons nouveaux et hachez-les. Incisez deux ou trois fois les flancs des rougets. Salez, poivrez et faites pénétrer le fenouil et les zestes dans les incisions faites sur les rougets. Huilez-les légèrement.

2 Faites cuire les rougets sur la plancha pendant 10 min en les retournant une ou deux fois. Adaptez ce temps de cuisson à la taille des rougets. Ils doivent être bien colorés.

3 Sortez les rougets, placez-les dans un plat. Faites cuire ensuite les oignons pendant 1 ou 2 min puis placez-les sur les poissons. Saupoudrez de ciboulette hachée et arrosez de jus de citron vert et d'un bon trait d'huile d'olive.

Les ingrédients pour 4 personnes

4 beaux rougets, prêts à cuire
1 cuil. à soupe de graines de fenouil
2 citrons verts
1 botte de ciboulette
6 oignons nouveaux
huile d'olive
sel et poivre

le verre de vin qui va bien

Servez un bergerac rosé : il en existe de délicieuses bouteilles...

Daurade et tomates à la plancha

PRÉPARATION 15 MIN | **CUISSON** 15 MIN | **COÛT** ★★ | **DIFFICULTÉ** ★★

1 Faites cuire les daurades salées, poivrées et huilées sur la plancha chauffée à feu assez vif. Comptez 15 min environ, plus ou moins selon leur taille. Pensez à retourner les poissons de temps en temps. Épluchez la gousse d'ail et l'oignon et hachez-les. Coupez les tomates en tranches. Hachez le basilic.

2 Sur une autre partie de la plancha, faites chauffer un peu d'huile et ajoutez l'oignon émincé. Laissez cuire 2 ou 3 min en remuant souvent. Ajoutez ensuite les tomates, salez, poivrez, faites cuire en remuant souvent.

3 Ajoutez le basilic, l'ail et le thym, puis mélangez. Les tomates doivent être cuites mais garder un peu de fermeté : ne comptez pas plus de 3 ou 4 min en tout.

4 Servez les daurades arrosées de quelques gouttes de citron, d'un trait d'huile d'olive et accompagnées des tomates. Servez chaud.

Les ingrédients pour 4 personnes

4 petites daurades préparées par le poissonnier
1 gousse d'ail
1 gros oignon blanc
4 belles tomates (cœur de bœuf, noire de Crimée, etc.)
les feuilles d'1 botte de basilic
1 pincée de thym frais
quelques gouttes de citron
huile d'olive
sel et poivre

le verre de vin qui va bien

Proposez un vin rosé : Provence, Anjou ou Bordeaux.

Raie aux câpres à la plancha

PRÉPARATION 15 MIN | **CUISSON** 15 MIN | **COÛT** ★★ | **DIFFICULTÉ** ★

→ LA RAIE EST TOUJOURS CUITE AU COURT-BOUILLON, MAIS ELLE EST AUSSI ABSOLUMENT DÉLICIEUSE RÔTIE OU GRILLÉE À LA PLANCHA. À DÉCOUVRIR...

1 Huilez, salez et poivrez les morceaux de raie. Faites-les cuire sur la plancha huilée et chauffée à feu assez vif. Comptez 15 min environ, plus ou moins selon leur taille. Pensez à retourner les poissons de temps en temps.

2 Épluchez les gousses d'ail et effeuillez la demi-botte de persil. Hachez l'ail et le persil assez finement. Hachez aussi les câpres mais moins finement.

3 Quand le poisson est pratiquement cuit, versez un peu d'huile sur la plancha et ajoutez le persil et l'ail. Faites cuire en remuant pendant 1 min.

4 Placez les morceaux de raie sur les assiettes, recouvrez-les avec la persillade cuite. Parsemez de câpres, agrémentez d'un petit trait de vinaigre balsamique et de quelques gouttes d'huile d'olive.

Les ingrédients pour 4 personnes

4 morceaux d'aile de raie, pelés par le poissonnier
6 gousses d'ail
½ botte de persil plat
100 g de câpres
vinaigre balsamique
huile d'olive
sel et poivre

le tuyau de laurence

Pour changer un peu, mélangez 50 g de câpres et 50 g d'olives noires que vous hacherez grossièrement.

le verre de vin qui va bien

Allez vers un rouge plutôt léger : pourquoi pas un bon brouilly.

Lotte plancha au safran, poireaux et oignons rouges

PRÉPARATION 15 MIN | **MARINADE** 1 H | **CUISSON** 5 À 8 MIN | **COÛT** ★★★ | **DIFFICULTÉ** ★

> LA LOTTE, AVEC SA CHAIR FERME, EST L'UN DES POISSONS QUI CONVIENT LE MIEUX POUR LA CUISSON À LA PLANCHA.

1 Coupez la lotte en tranches d'environ 1 cm d'épaisseur. Lavez et émincez les poireaux. Épluchez et émincez l'oignon. Pressez le citron. Dans un saladier, mélangez à la main le poisson, le safran, les poireaux, l'oignon et le jus de citron. Salez et poivrez. Laissez macérer pendant 1 h.

2 Faites cuire le poisson et les légumes sur la plancha huilée et chauffée à feu assez vif. Comptez 10 min environ, plus ou moins selon la taille des tranches. Pensez à les retourner de temps en temps.

3 Servez les tranches de lotte avec les poireaux et les oignons en les agrémentant de quelques copeaux de parmesan et de quelques gouttes d'huile d'olive. Servez chaud.

Les ingrédients pour 4 personnes

800 g de lotte en filet
2 jeunes poireaux
1 bel oignon rouge
1 citron
2 dosettes de safran en poudre
50 g de parmesan en morceau
huile d'olive
sel et poivre

la botte secrète d'aude et leslie

On a goûté ça l'autre jour au resto : l'alliance lotte et chorizo. C'est carrément emballant. Pensez donc à ajouter quelques morceaux de chorizo dans cette délicieuse recette.

le verre de vin qui va bien

Proposez un tourain-mesland blanc.

Crevettes grillées aux poivrons

PRÉPARATION 10 À 12 MIN | **CUISSON** 12 MIN | **COÛT** ★★ | **DIFFICULTÉ** ★★

1 Faites cuire les crevettes salées, poivrées et huilées sur la plancha chauffée à feu assez vif. Comptez 7 à 8 min au maximum. Pensez à retourner les crevettes de temps en temps.

2 Sur une autre partie de la plancha, faites chauffer un peu d'huile et ajoutez l'oignon épluché et émincé. Laissez cuire 2 ou 3 min en remuant souvent. Ajoutez ensuite les poivrons épépinés et coupés en tranches assez fines ; salez, poivrez et faites cuire en remuant souvent.

3 Ajoutez le basilic haché, la gousse d'ail et le thym, puis mélangez. Les poivrons doivent être cuits mais rester fermes : ne comptez pas plus de 10 min en tout.

4 Servez les crevettes bien grillées, arrosées de quelques gouttes de citron, d'un trait d'huile d'olive et accompagnées des poivrons cuits. Servez chaud.

Les ingrédients pour 4 personnes

16 belles crevettes décongelées
1 gros oignon blanc
3 poivrons (rouge, jaune et vert)
les feuilles d'1 botte de basilic
1 gousse d'ail hachée
1 pincée de thym frais
quelques gouttes de citron
huile d'olive
sel et poivre

le tuyau de laurence

Utilisez des oignons rouges, un peu plus sucrés et moins forts.

le verre de vin qui va bien

Proposez un rosé des coteaux varois en Provence.

Crevettes plancha sauce chien

PRÉPARATION 10 À 12 MIN | **CUISSON** 8 MIN | **COÛT** ★★ | **DIFFICULTÉ** ★

1 Faites cuire les crevettes salées, poivrées et huilées sur la plancha chauffée à feu assez vif. Comptez 7 à 8 min au maximum. Pensez à retourner les crevettes de temps en temps.

2 Pendant ce temps, faites la sauce : pelez les oignons et les gousses d'ail. Éliminez les pépins des piments. Pressez les citrons verts. Hachez les oignons, les gousses d'ail, les piments et la coriandre. Mélangez tous ces ingrédients avec le jus de citron, l'huile, sel et poivre.

3 Servez les crevettes justes cuites et bien chaudes avec la sauce à part. Proposez un riz blanc nature avec ce plat.

Les ingrédients pour 4 personnes

16 belles crevettes décongelées
4 oignons nouveaux
4 gousses d'ail
2 piments rouges
3 citrons verts
1 botte de coriandre
5 cuil. à soupe d'huile d'arachide ou de tournesol
sel et poivre

Pour varier_ La sauce chien accompagne les crevettes, les poissons, les calamars ou les seiches mais aussi les viandes blanches cuites à la plancha.

À savoir_ Choisissez les piments lampions, assez gros et très parfumés, ou prenez les piments oiseaux, bien plus forts...

le verre de vin qui va bien

Une bière bien fraîche... pour calmer l'ardeur des piments !

Crevettes plancha à la persillade

PRÉPARATION 20 MIN | **CUISSON** 7 À 9 MIN | **COÛT** ★★ | **DIFFICULTÉ** ★★

Les ingrédients pour 4 personnes

16 grosses crevettes décongelées
1 tête d'ail violet dégermée
(ou mieux, d'ail nouveau)
1 botte de persil plat
1 citron
5 cuil. à soupe de vin blanc sec
huile d'olive pour la cuisson
sel et poivre

1 Avec une paire de ciseaux, coupez et éliminez le tiers avant des têtes de crevette. Placez-les dans une assiette. Salez et poivrez des deux côtés. Épluchez l'ail, dégermez les gousses si nécessaire et hachez-le. Effeuillez le persil et hachez-le. Pressez le citron.

2 Faites chauffer un bon filet d'huile d'olive à feu vif sur la plancha. Quand celle-ci est très chaude, mettez les crevettes à cuire (attention aux projections). Retournez-les de temps en temps et comptez 5 à 7 min de cuisson selon leur taille.

3 Ajoutez l'ail et le persil. Mélangez bien, laissez cuire pendant 2 min puis versez par-dessus le jus de citron et le vin. Faites bouillir quelques secondes puis servez aussitôt avec une salade de poivrons par exemple.

À savoir_ Quand vous mettez la persillade à cuire, remuez souvent et ajoutez quelques gouttes d'huile en plus : la cuisson sera meilleure.

la botte secrète d'aude et leslie

Hyper bon avec des cœurs d'artichaut à l'huile d'olive. On en trouve chez les traiteurs italiens ou en bocal dans les supermarchés.

le verre de vin qui va bien

Proposez un muscadet sèvre-et-maine bien frais.

Pétoncles poivre et sel

PRÉPARATION 20 MIN | **CUISSON** 2 MIN | **COÛT** ★★ | **DIFFICULTÉ** ★★

Les ingrédients pour 4 personnes

- 1 botte d'oignons nouveaux
- 500 g de pétoncles décongelés
- 1 botte de ciboulette
- ½ blanc de poireau propre
- 1 belle noix de gingembre frais épluché
- huile d'arachide pour la cuisson
- sel et poivre du Sichuan

1 Épluchez les oignons et émincez-les avec leurs fanes vertes si elles ne sont pas flétries. Dans un saladier, assemblez les pétoncles, préalablement épongés dans du papier absorbant (pour enlever l'eau en excès), avec les oignons. Salez, poivrez et réservez.

2 Coupez la ciboulette, le poireau et la noix de gingembre en bâtonnets assez fins avec un couteau bien coupant. Gardez de côté dans trois bols.

3 Commencez la cuisson des pétoncles avec un bon filet d'huile sur la plancha bien chaude. Remuez de temps en temps. La chaleur doit être très vive : les pétoncles doivent colorer mais ne pas bouillir dans leur jus. Comptez 2 min de cuisson environ.

4 Disposez les pétoncles dans un plat de service. Recouvrez-les délicatement avec la ciboulette, le poireau et le gingembre. Ajoutez 1 ou 2 tours de moulin à poivre du Sichuan et servez sans attendre.

À savoir_ Le poivre du Sichuan n'est pas un poivre mais une baie. Vous en trouverez dans les épiceries spécialisées.

le verre de vin qui va bien

Proposez un beau chablis.

Poêlée de langoustines minute

PRÉPARATION 20 MIN | **CUISSON** 10 MIN | **COÛT** ★★★ | **DIFFICULTÉ** ★

→ EH OUI, LES LANGOUSTINES PEUVENT AUSSI ÊTRE CUITES À LA PLANCHA. C'EST UN PEU PLUS LONG MAIS TELLEMENT BON... ADAPTEZ LE TEMPS DE CUISSON À LA TAILLE DES LANGOUSTINES : PETITES, ELLES CUISENT EN 7 À 8 MIN À PEINE, PLUS GROSSES, COMPTEZ BIEN 15 MIN, AU MINIMUM.

1 Faites sauter les langoustines salées et poivrées sur la plancha huilée pendant 7 à 8 min environ, plus ou moins selon leur taille. Remuez très souvent mais délicatement pour ne pas les casser.

2 Pendant ce temps, mixez finement l'ail avec la coriandre et 5 cuil. à soupe d'huile d'olive. Ajoutez cette préparation aux langoustines et mélangez. Laissez cuire ainsi pendant 2 à 3 min environ en remuant de temps en temps. Ajoutez le piment de Cayenne.

3 Pour vérifier la cuisson, décortiquez la queue d'une langoustine : elle doit être blanche, ferme et bien juteuse. Servez aussitôt les langoustines en entrée avec une belle salade verte.

Les ingrédients pour 4 personnes

600 g de langoustines fraîches
6 gousses d'ail dégermées
1 botte de coriandre
5 cuil. à soupe d'huile d'olive
+ un peu pour la cuisson
3 pincées de piment de Cayenne
sel et poivre

la botte secrète d'aude et leslie

Testez de toute urgence le *mix* coriandre et menthe. C'est à tomber par terre !

le verre de vin qui va bien

Proposez un joli bourgogne aligoté.

Filets de poulet à la chinoise

PRÉPARATION 10 MIN | **CUISSON** 10 MIN | **COÛT** ★★ | **DIFFICULTÉ** ★★

→ LA CUISINE CHINOISE, ÇA MARCHE TRÈS BIEN À LA PLANCHA. PRÉPAREZ DES INGRÉDIENTS QUI CUISENT VITE COMME LES FILETS DE POULET, LES CREVETTES, LES CALAMARS, ETC.

1 Faites chauffer la plancha à feu assez vif puis versez l'huile d'arachide. Lorsque celle-ci est brûlante, commencez par faire sauter le poulet salé et poivré pendant 2 à 3 min pour le colorer complètement.

2 Ajoutez les échalotes, le poireau, l'ail, les piments et le gingembre. Laissez cuire pendant 2 à 3 min environ en remuant presque sans arrêt.

3 Ajoutez ensuite le nuoc-mâm, la sauce soja et le sucre. Faites sauter pendant 1 min. Incorporez enfin les feuilles de basilic, entières. Mélangez et servez aussitôt avec un riz blanc nature.

Les ingrédients pour 4 personnes

450 g de filets de poulet sans peau, coupés en dés
3 cuil. à soupe d'échalotes émincées
½ blanc de poireau émincé
3 cuil. à soupe d'ail haché
2 piments rouges émincés
1 cuil. à soupe de gingembre haché
2 cuil. à soupe de nuoc-mâm
2 cuil. à soupe de sauce soja
2 cuil. à café de sucre
les feuilles propres d'1 belle botte de basilic
2 cuil. à soupe d'huile d'arachide pour la cuisson
sel et poivre

le tuyau de laurence

Des blancs de dinde feront également très bien l'affaire.

le verre de vin qui va bien

Proposez un saumur-champigny ou, très simplement, une bière chinoise.

Chaud-froid de bœuf

PRÉPARATION 10 MIN | **CUISSON** 1 MIN | **COÛT** ★★★ | **DIFFICULTÉ** ★★

→ UNE RECETTE À FAIRE POUR DEUX, PAS ÉCONOMIQUE MAIS VRAIMENT DÉLICIEUSE...

1 Coupez le filet de bœuf en quatre tranches d'épaisseur à peu près égale. Faites chauffer la plancha à feu assez vif. Écrasez assez grossièrement les grains de poivre.

2 Huilez légèrement les tranches de filet de bœuf. Assaisonnez-les avec les grains de poivre écrasés et un peu de gros sel.

3 Faites cuire les filets 1 min, pas plus, sur une seule de leurs faces. Posez-les côté cuit sur les assiettes de service avec une belle salade verte, par exemple.

4 Versez la sauce soja en la répartissant sur les tranches de bœuf. Arrosez de quelques gouttes d'huile d'olive. Décorez avec les brins de coriandre, saupoudrez de piment de Cayenne et servez sans attendre.

Les ingrédients pour 2 personnes

1 morceau de filet de bœuf paré de 400/450 g
10 grains de poivre noir
5 cl de sauce soja
quelques de brins de coriandre
2 belles pincées de piment de Cayenne
huile d'olive
gros sel

le verre de vin qui va bien

Servez un côtes-du-rhône rouge.

Canard, oignon rouge et mangue aux noix à la plancha

PRÉPARATION 25 MIN | **CUISSON** 15 MIN | **COÛT** ★★ | **DIFFICULTÉ** ★★

1 Éliminez la peau grasse des magrets puis coupez-les chacun en deux moitiés à peu près égales. Faites chauffer la plancha à feu assez vif. Faites décongeler les demi-mangues dans le four à micro-ondes (ou placez-les 1 ou 2 h dans une assiette, à température ambiante).

2 Huilez légèrement les demi-magrets de canard. Assaisonnez-les généreusement avec du sel et du poivre. Faites-les cuire 5 à 10 min environ pour les garder rosés. Placez-les dans une assiette au terme de la cuisson. Épluchez et émincez l'oignon rouge.

3 Faites cuire l'oignon émincé et les demi-mangues sur la plancha un peu huilée pendant 2 à 3 min en les retournant de temps en temps. Si besoin, retirez les mangues un peu avant : il faut juste les faire colorer sans trop les ramollir.

4 Servez le canard cuit dans des assiettes, posez les mangues à côté et les oignons par-dessus. Arrosez de jus de citron, d'huile de noix (quelques gouttes) et décorez avec le cerfeuil et les noix un peu hachées. Servez sans attendre.

Les ingrédients pour 4 personnes

2 beaux magrets de canard
4 demi-mangues surgelées
1 oignon rouge
le jus de 1 citron
huile de noix
quelques brins de cerfeuil
50 g de noix
huile d'arachide
sel et poivre

la botte secrète d'aude et leslie

Pour une variante tout aussi sympa, zappez les mangues et arrosez vos magrets de sauce Boursin au poivre (rien de plus simple : faites chauffer à feu doux 1 pot de Boursin Cuisine au poivre).

le tuyau de laurence

Vous pouvez remplacer les noix par des noix de pécan au goût plus subtil.

le verre de vin qui va bien

Proposez un vin de Touraine rouge.

Lapin mariné à la plancha

PRÉPARATION 25 MIN | **MARINADE** 1 H | **CUISSON** 15 À 20 MIN | **COÛT** ★★★ | **DIFFICULTÉ** ★★

→ UNE RECETTE VRAIMENT TOUTE SIMPLE : IL SUFFIT DE FAIRE MARINER LE LAPIN À L'AVANCE PUIS DE LE FAIRE CUIRE À LA PLANCHA. ACCOMPAGNEZ-LE D'UN RIZ BRUN CUIT À L'EAU ET PARFUMÉ AVEC UN PEU D'HUILE D'OLIVE.

1 Hachez les feuilles du thym et du romarin. Épluchez l'ail et hachez-le. Hachez aussi les feuilles d'estragon ainsi qu'1 zeste prélevé sur le citron. Pressez son jus.

2 Dans un saladier, mélangez le lapin désossé et coupé en morceaux avec le thym, le romarin, l'ail, la moutarde, 4 cuil. à soupe d'huile d'olive, l'estragon, le jus de citron, sel et poivre. Laissez macérer pendant 1 h, au minimum.

3 Faites chauffer la plancha à feu vif puis posez les morceaux de lapin marinés dessus. Comptez entre 15 et 20 min de cuisson, selon la taille des morceaux. Servez-les tels quels, bien grillés, avec d'autres légumes (poivrons, courgettes, aubergines, etc.), eux aussi grillés sur la plancha.

Les ingrédients pour 6 personnes

1 lapin, désossé par le boucher
et coupé en morceaux
1 branche de thym
1 branche de romarin
4 gousses d'ail
1 botte d'estragon
1 citron
1 cuil. à soupe de moutarde à l'ancienne
4 cuil. à soupe d'huile d'olive
sel et poivre

le verre de vin qui va bien

Proposez un vin de Touraine rouge.

Filets de poulet au curry à la plancha

PRÉPARATION 25 MIN | **MARINADE** 1 H | **CUISSON** 5 À 8 MIN | **COÛT** ★★★ | **DIFFICULTÉ** ★★

1 Épluchez la pomme, éliminez les pépins. Coupez-la en petits dés. Épluchez et hachez les gousses d'ail. Lavez et émincez le blanc de poireau. Épépinez le poivron et coupez-le en lanières assez fines. Hachez la coriandre. Pressez le citron.

2 Dans un saladier, mélangez à la main le poulet salé et poivré, le curry, la pomme, l'ail, le poireau, le poivron, 3 cuil. à soupe d'huile d'olive et le jus de citron. Laissez macérer pendant 1 h, au minimum.

3 Faites chauffer la plancha à feu vif puis déposez les dés de poulet marinés dessus ainsi que tous les légumes et la pomme. Comptez entre 5 et 8 min de cuisson, selon la taille des dés de poulet, en remuant souvent. Servez le poulet et ses légumes grillés avec la coriandre et un riz basmati cuit nature.

Les ingrédients pour 4 personnes

4 filets de poulet coupés en dés
1 pomme
4 gousses d'ail
1 petit blanc de poireau
1 poivron rouge
1 botte de coriandre
1 citron
2 cuil. à soupe de curry
3 cuil. à soupe d'huile d'olive
sel et poivre

le tuyau de laurence

Au moment de servir, ajoutez des raisins secs blonds et des rondelles de banane fraîches.

le verre de vin qui va bien

Proposez un bordeaux blanc, ou un entre-deux-mers blanc.

Pilons de poulet et poivrons à la plancha

PRÉPARATION 20 MIN | **CUISSON** 20 À 25 MIN | **COÛT** ★ | **DIFFICULTÉ** ★

1 Assaisonnez les pilons de poulet avec du sel et du poivre, entaillez-les assez profondément avec un couteau, cela facilitera la cuisson. Faites chauffer la plancha, versez la moitié de l'huile puis faites sauter tous les légumes en même temps avec du sel et du poivre. Comptez 6 à 8 min de cuisson pour que les poivrons cuisent et restent légèrement croquants. Placez-les dans une assiette, au terme de la cuisson.

2 Pendant ce temps, également sur la plancha, faites cuire les pilons à feu assez vif et avec le reste d'huile d'olive. Comptez 20 à 25 min de cuisson en tout en les retournant de temps en temps.

3 Préparez la sauce en mélangeant le vinaigre, l'huile d'olive, l'échalote hachée, le piment de Cayenne, du sel et du poivre dans un petit bol.

4 Disposez les poivrons cuits sur les assiettes chaudes, posez par-dessus les pilons et nappez délicatement avec la vinaigrette. Décorez avec quelques herbes fraîches, cerfeuil ou ciboulette.

Les ingrédients pour 4 personnes

8 pilons de poulet
1 poivron vert sans pépins, en morceaux
1 poivron rouge sans pépins, en morceaux
2 poivrons jaunes sans pépins, en morceaux
4 gousses d'ail finement émincées
4 oignons nouveaux pelés et émincés
6 cuil. à soupe d'huile d'olive vierge pour la cuisson
sel et poivre noir

Pour la sauce

2 cuil. à soupe de vinaigre de xérès
8 cuil. à soupe d'huile d'olive vierge
1 échalote hachée
2 pincées de piment de Cayenne
sel et poivre noir

le tuyau de laurence

Pour un résultat plus léger, enlevez la peau des pilons crus et faites-les mariner avant la cuisson dans un mélange citron vert-sauce soja.

le verre de vin qui va bien

Proposez un beaujolais village.

Hachés de veau panés au basilic

PRÉPARATION 15 MIN | **CUISSON** 6 À 8 MIN | **COÛT** ★ | **DIFFICULTÉ** ★

→ ON TROUVE MAINTENANT DES STEAKS DE VEAU EN GRANDES SURFACES. CUISINÉS NATURE, ILS SONT ASSEZ FADES, MAIS ASSAISONNÉS ET BIEN GRILLÉS À LA PLANCHA, ILS DEVIENNENT DÉLICIEUX. À DÉCOUVRIR...

1 Râpez très finement le parmesan. Lavez et hachez finement les feuilles de basilic.

2 Dans un saladier, mélangez le parmesan avec le basilic, la chapelure, le piment de Cayenne et l'œuf. Plongez et panez les steaks de veau dans ce mélange. Appuyez avec insistance des deux côtés pour bien faire adhérer le mélange. Salez et poivrez.

3 Faites chauffer un peu d'huile d'olive sur la plancha, puis faites cuire les hachés de veau panés 6 à 8 min en les retournant très délicatement au moins une fois. Ne les faites pas cuire à feu trop vif car le parmesan colore assez vite. À servir avec des tranches d'aubergines tigrées (si possible) et cuites elles aussi à la plancha.

Les ingrédients pour 4 personnes

4 steaks de veau
80 g de parmesan
20 feuilles de basilic
3 cuil. à soupe de chapelure
1 pincée de piment de Cayenne
1 œuf
huile d'olive pour la cuisson
sel et poivre

Pour varier_ Ajoutez des oignons préalablement sautés et colorés à la poêle, 1 piment rouge haché, ou encore des morceaux de poitrine fumée.

la botte secrète d'aude et leslie

Servez cette super recette avec des nouilles chinoises dans des bols. Arrosez le tout de sauce soja. Miam !

le verre de vin qui va bien

Servez un saint-véran rouge.

Bœuf à la plancha, poivre et échalotes

PRÉPARATION 20 MIN | **CUISSON** 7 À 8 MIN | **COÛT** ★★★ | **DIFFICULTÉ** ★★

1 Préparez le beurre : épluchez et hachez l'échalote. Mixez le beurre avec l'échalote, le persil haché, le jus de citron, du sel et du poivre. Placez ce beurre dans le réfrigérateur.

2 Faites chauffer la plancha à feu vif. Écrasez les grains de poivre. Assaisonnez les pavés de rumsteck avec le poivre et le gros sel. Huilez-les légèrement et mettez-les à cuire. Comptez 7 à 8 min de cuisson environ, en les retournant de temps en temps.

3 Pendant ce temps, épluchez les échalotes et hachez-les. Sur un autre coin de la plancha, versez un peu d'huile et ajoutez les échalotes. Salez-les, mélangez et laissez cuire 1 min.

4 Servez les pavés avec les échalotes cuites. Placez un morceau de beurre au persil sur chaque pavé et servez sans attendre.

Les ingrédients pour 4 personnes

4 pavés de rumsteck
20 grains de poivre
gros sel
8 échalotes
huile
sel fin

Pour le beurre

1 échalote
80 g de beurre
½ botte de persil
le jus de ½ citron
sel et poivre

Pour varier_ À faire aussi avec des pavés de veau. Demandez à votre boucher de les tailler dans la noix ou la sous-noix.

le verre de vin qui va bien

Servez un beaujolais village.

Ailerons de poulet miel-gingembre

PRÉPARATION 20 MIN | **CUISSON** 25 MIN | **COÛT** ★ | **DIFFICULTÉ** ★

→ UNE RECETTE DÉLICIEUSE ET VRAIMENT PAS CHÈRE… POUR QUE LE MIEL PUISSE CARAMÉLISER SANS BRÛLER, NE CHAUFFEZ PAS LA PLANCHA TROP FORTEMENT.

1 Assaisonnez les ailerons de poulet avec du sel et du poivre. Faites chauffer la plancha à feu assez vif. Versez un peu d'huile dessus et faites cuire les ailerons pendant 10 min en les retournant de temps en temps. Lorsqu'ils sont bien dorés, réduisez l'intensité du feu et poursuivez la cuisson pendant 10 min encore.

2 Ajoutez les deux tiers du gingembre, ainsi que les deux tiers du poireau, et laissez cuire 3 min. Versez le miel, faites bouillir puis caraméliser sans laisser brûler. Attention : la plancha ne doit pas être trop chaude.

3 Versez la sauce soja en ajoutant le reste de gingembre et de poireau. Faites bouillir un instant et placez les ailerons et les aromates dans un grand plat.

4 Décorez avec la coriandre, arrosez d'un peu d'huile de sésame et accompagnez cette délicieuse recette d'un riz blanc.

Les ingrédients pour 4 personnes

20 ailerons de poulet, coupés en deux
3 cm de gingembre frais coupé en fins bâtonnets
1 blanc de poireau coupé en fins bâtonnets
4 cuil. à soupe de miel liquide
6 cuil. à soupe de sauce soja
1 petite botte de coriandre fraîche
huile de sésame
huile d'arachide pour la cuisson
sel et poivre noir

le verre de vin qui va bien

Et pourquoi pas un touraine rouge ?

Flanchets de veau au miel

PRÉPARATION 20 MIN | **CUISSON** 20 MIN | **COÛT** ★ | **DIFFICULTÉ** ★

→ LE FLANCHET EST UN MORCEAU SOUVENT ACCOMMODÉ EN SAUCE, EN RAGOÛT. MAIS COUPÉ PAS TROP ÉPAIS, IL EST AUSSI DÉLICIEUX À LA PLANCHA.

1 Assaisonnez les flanchets de veau avec du sel, du poivre et du thym. Faites chauffer la plancha à feu assez vif. Versez un peu d'huile et faites cuire les flanchets pendant 10 min en les retournant de temps en temps. Lorsqu'ils sont bien dorés, réduisez l'intensité du feu et poursuivez la cuisson pendant 5 min encore. Épluchez et émincez les oignons.

2 Ajoutez les oignons et laissez cuire 3 à 4 min en mélangeant un peu. Versez le miel, faites bouillir puis caraméliser sans laisser brûler. Attention : la plancha ne doit pas être trop chaude.

3 Versez le porto. Faite-le bouillir et évaporer complètement puis placez les flanchets et les oignons dans un grand plat.

4 Décorez avec la ciboulette hachée, parfumez avec le piment de Cayenne et accompagnez cette délicieuse recette de courgettes cuites à la plancha.

Les ingrédients pour 4 personnes

16 flanchets de veau
1 brin de thym frais
8 oignons nouveaux
6 cuil. à soupe de miel liquide
6 cuil. à soupe de porto
1 petite botte de ciboulette
2 pincées de piment de Cayenne
huile d'arachide pour la cuisson
sel et poivre noir

le verre de vin qui va bien

Allez vers un rioja bien corsé.

Côtelettes d'agneau thym-romarin

PRÉPARATION 15 MIN | **CUISSON** 10 MIN | **COÛT** ★★ | **DIFFICULTÉ** ★

> DEMANDEZ BIEN AU BOUCHER DES CÔTES D'AGNEAU « SECONDES » : ELLES SONT PLUS CHARNUES ET FONDANTES QUE LES AUTRES. VOUS POUVEZ AUSSI FAIRE CETTE RECETTE AVEC DES TRANCHES D'ÉPAULE D'AGNEAU. ATTENTION : ÉTANT DONNÉ QUE CES CÔTES SONT PANÉES, LA PLANCHA NE DOIT PAS ÊTRE TROP BRÛLANTE.

1 Dégraissez légèrement les côtelettes, si nécessaire, puis assaisonnez-les avec du sel et du poivre. Épluchez les gousses d'ail, éliminez les germes, si nécessaire. Récupérez les feuilles du brin de thym.

2 Avec un couteau ou à l'aide d'un mixeur, hachez finement l'ail, le thym, le basilic, la sauge, la tomate et les olives noires.

3 Ajoutez la chapelure à ce mélange parfumé puis placez la préparation obtenue dans une assiette. Panez les côtelettes des deux côtés en essayant de bien les enrober. Appuyez-les fortement dans le mélange aromatique pour bien le faire adhérer.

4 Faites cuire les côtelettes sur la plancha légèrement huilée et pas trop chaude, 10 min environ en les retournant très délicatement de temps en temps.

Les ingrédients pour 4 personnes

8 côtelettes d'agneau « secondes »
4 gousses d'ail
1 brin de thym frais si possible
10 feuilles de basilic
4 feuilles de sauge
1 tomate sèche
8 olives noires
3 cuil. à soupe de chapelure
huile d'olive pour la cuisson
sel et poivre

le tuyau de laurence

Frottez vos côtelettes avec 1 gousse d'ail pour leur donner un bon petit goût.

le verre de vin qui va bien

Servez cette recette avec un rosé de Provence ou un vin gris.

Tranches de gigot marinées à la plancha

PRÉPARATION 25 MIN | **MARINADE** 30 MIN | **CUISSON** 2 À 3 MIN | **COÛT** ★★ | **DIFFICULTÉ** ★

Les ingrédients pour 4 personnes

- 4 tranches de gigot
- 1 beau brin de thym frais
- 1 beau brin de romarin
- 5 ou 6 demi-tomates confites
- 4 gousses d'ail
- 3 pincées d'origan
- 4 cuil. à soupe d'huile d'olive
- 1 cuil. à soupe de graines de sésame
- sel et poivre

1 Hachez les feuilles du thym et du romarin. Hachez aussi les tomates confites et les gousses d'ail épluchées. Salez, poivrez les tranches de gigot puis faites-les mariner en les mélangeant sommairement avec tous les ingrédients déjà cités, ainsi que l'origan, l'huile d'olive et les graines de sésame. Laissez macérer pendant 30 min environ.

2 Faites cuire les tranches de gigot avec leur garniture aromatique sur la plancha bien chaude pendant 2 à 3 min, en les retournant de temps en temps. Ne prolongez pas ce temps de cuisson, sauf si les tranches sont vraiment très épaisses.

3 Servez ces tranches de gigot avec des aubergines, des courgettes ou des poivrons et oignons rouges grillés.

la botte secrète d'aude et leslie

Vous pouvez troquer les graines de sésame contre des pignons de pin.

le verre de vin qui va bien

Proposez un brouilly.

Kefta de bœuf aux épices

PRÉPARATION 15 MIN | **CUISSON** 5 À 6 MIN | **COÛT** ★★ | **DIFFICULTÉ** ★★

1 Épluchez l'oignon blanc, hachez-le assez finement puis faites-le cuire 2 à 3 min sur la plancha avec un peu d'huile d'olive. Placez ensuite ces oignons cuits dans un saladier. Épluchez et hachez l'ail, hachez aussi la coriandre. Prélevez 1 zeste de citron et hachez-le. Pressez le citron et gardez le jus dans un bol.

2 Mélangez les oignons avec la viande, l'ail, la coriandre, le zeste de citron, toutes les épices, du sel et du poivre.

3 Prenez une pique en bois et formez une sorte de « tuyau » de viande hachée et parfumée tout autour. Aplatissez légèrement la viande, répétez l'opération pour faire au moins 4 brochettes (ou 6 plus petites, selon votre goût).

4 Salez, poivrez les *kefta*, huilez-les légèrement et faites-les cuire 5 à 6 min sur la plancha. Ne les cuisez pas beaucoup plus sinon ils seront trop secs. Servez-les bien chauds avec de la semoule, quelques gouttes de jus de citron et d'huile d'olive.

Les ingrédients pour 4 personnes

1 oignon blanc
1 gousse d'ail
1 botte de coriandre
1 citron
600 g de bœuf haché
3 pincées de piment de Cayenne
3 pincées de cannelle
6 belles pincées de cumin en poudre
huile d'olive
sel et poivre

le verre de vin qui va bien

Un rouge marocain ou libanais.

Dinde au rougail de tomate

PRÉPARATION 25 MIN | **CUISSON** 5 À 7 MIN | **COÛT** ★ | **DIFFICULTÉ** ★

→ OU COMMENT TRANSFORMER UNE VIANDE SOUVENT UN PEU FADE ET SANS GRAND INTÉRÊT EN UN METS TRÈS DÉLICAT...

1 Coupez les escalopes de dinde en fines lanières. Épluchez les carottes et l'oignon rouge. Émincez ces légumes aussi finement que vous le pouvez. Dans un saladier, mélangez la dinde, les légumes, 4 cuil. à soupe d'huile d'olive, le paprika et les feuilles de basilic. N'oubliez pas de saler et de poivrer.

2 Faites cuire la viande et ses légumes ensemble sur la plancha chauffée à feu assez vif, en les retournant de temps en temps, pendant 5 min.

3 Pendant ce temps, préparez le rougail : mélangez tous les ingrédients de cette recette dans un bol, tout simplement. Placez ensuite la viande cuite dans un plat et nappez-la avec le rougail. Servez aussitôt.

Les ingrédients pour 4 personnes

4 escalopes de dinde
2 carottes
1 oignon rouge
4 cuil. à soupe d'huile d'olive
1 cuil. à café de paprika
quelques feuilles de basilic
sel et poivre

Pour le rougail

2 belles tomates pelées, épépinées et coupées en petits dés
5 filets d'anchois à l'huile finement hachés
2 gousses d'ail pelées et hachées
les feuilles hachées d'1 botte de basilic
le jus de 1 citron
8 cuil. à soupe d'huile d'olive
1 pincée de poivre de Cayenne
sel fin et poivre noir moulu

le verre de vin qui va bien

Proposez un rosé d'Anjou.

Veau haché farci aux aubergines

PRÉPARATION 35 MIN | **CUISSON** 25 MIN | **COÛT** ★ | **DIFFICULTÉ** ★★★

1 Hachez le basilic et les tranches de poitrine fumée. Placez ces ingrédients dans un saladier et mélangez-les avec du sel, du poivre, l'œuf et les steaks de veau hachés.

2 Divisez la viande de veau en quatre boules et aplatissez-les avec la paume de la main. Déposez 2 tranches de mozzarella sur chaque boule de viande de veau aplatie et enfermez-les à l'intérieur, pour former des chaussons farcis de fromage, aussi hermétiques que possible. Il faut que le fromage soit bien retenu à l'intérieur de la viande sinon il risque de s'écouler pendant la cuisson. Faites chauffer la plancha à feu relativement vif. Pendant ce temps, pelez les aubergines et coupez-les dans la longueur en tranches assez fines.

3 Huilez légèrement la plancha et commencez à faire cuire les aubergines salées et poivrées en les retournant de temps en temps. Après 15 à 20 min de cuisson, ajoutez les steaks salés et poivrés puis faites-les cuire 7 à 8 min en les retournant de temps en temps. Servez les steaks farcis avec les aubergines arrosées d'un peu de jus de citron et d'huile d'olive.

Les ingrédients pour 4 personnes

10 feuilles de basilic
8 tranches de poitrine fumée
1 œuf
5 steaks de veau hachés
8 tranches de mozzarella à cuire (vendue en pain, sous vide)
3 belles aubergines (tigrées, si possible)
le jus de 1 citron
huile d'olive
sel et poivre

la botte secrète d'aude et leslie

Super bon aussi avec de l'agneau haché à la place du veau. Ajoutez alors 3 belles pincées de cumin en poudre dans la viande. C'est à croquer !

le tuyau de laurence

Si vous ne trouvez pas de beau basilic, ce qui est souvent le cas en hiver, remplacez-le par 1 cuil. à café rase d'herbes de Provence.

le verre de vin qui va bien

Proposez un chianti ou un valpolicella.

Côtes de veau au piment

PRÉPARATION 15 MIN | **RÉFRIGÉRATION** 30 MIN | **CUISSON** 10 MIN | **COÛT** ★★★ | **DIFFICULTÉ** ★★

→ ATTENTION, VOICI UNE RECETTE QUI CHAUFFE TRÈS FORT ! POUR AMATEURS AVERTIS !

1 Salez et poivrez la viande. Éliminez les pépins des piments et hachez-les. Pelez les oignons, les gousses d'ail et hachez-les. Hachez aussi la coriandre et le thym.

2 Dans un saladier, mélangez les côtes de veau, les oignons, les piments, l'ail, la coriandre, le thym et un peu d'huile d'olive. Salez, poivrez et laissez reposer au frais une bonne demi-heure. Faites chauffer la plancha à feu moyen.

3 Faites cuire les côtes de veau et leurs aromates 10 min environ en les retournant de temps en temps. Servez chaud avec quelques gouttes de citron vert.

Les ingrédients pour 4 personnes

4 belles côtes de veau
2 piments rouges
4 oignons nouveaux
2 gousses d'ail
quelques brins de coriandre fraîche
1 beau brin de thym frais
huile d'olive
quelques gouttes de citron vert
sel et poivre

le verre de vin qui va bien

Proposez un bordeaux blanc.

Bouchées d'agneau aux épices

PRÉPARATION 35 MIN | **RÉFRIGÉRATION** 30 MIN | **CUISSON** 5 MIN | **COÛT** ★★ | **DIFFICULTÉ** ★★

→ UNE RECETTE QUI CHANGE VRAIMENT. LA SEULE DIFFICULTÉ EST DE SE PROCURER DE LA VIANDE D'AGNEAU HACHÉE. DEMANDEZ À VOTRE BOUCHER ; S'IL N'EN FAIT PAS, UTILISEZ ALORS DU BŒUF OU DU VEAU, QUE VOUS TROUVEREZ PARTOUT.

1 Épluchez la gousse d'ail, pressez-la au-dessus d'un saladier et versez le yaourt. Ajoutez toutes les épices et mélangez.

2 Pelez l'oignon et hachez-le. Mélangez la viande, l'oignon et la chapelure avec le yaourt aux épices. Salez et poivrez. Laissez reposer cette préparation au frais pendant 30 min.

3 Façonnez des boulettes, aplatissez-les légèrement puis faites-les griller sur la plancha légèrement huilée pendant 5 min environ en les retournant de temps en temps. Servez les bouchées bien chaudes, agrémentées de coriandre fraîche, avec une salade verte.

Les ingrédients pour 4 personnes

1 gousse d'ail
2 cuil. à soupe de yaourt nature
3 pincées de curry
2 pincées de cumin
3 pincées de gingembre
3 pincées de coriandre
1 pincée de curcuma
1 pincée de piment de Cayenne
1 oignon
600 g d'agneau dans l'épaule, haché par le boucher
30 g de chapelure
coriandre fraîche
huile d'arachide pour la cuisson
sel et poivre

le tuyau de laurence

Hachez très finement au couteau 4 abricots secs que vous ajouterez à la viande.

le verre de vin qui va bien

Un vin gris algérien ou un beau rouge libanais.

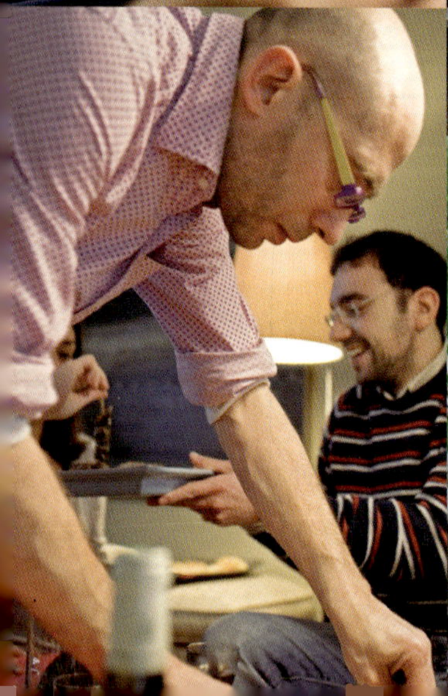

je veux en savoir plus !

Huiler la plancha / du poivre et les épices et aromates de votre choix / en matériau antiadhésif / et l'étaler ensuite avec un torchon propre et assez épais / Comptez encore 2 ou trois min de cuisson / VITAMINE C / gardent tous leurs nutriments / Les planchas d'extérieur / indispensable pour le nettoyage / équipés d'une plaque de cuisson en fonte d'aluminium / POUR 1 OU 2 PERSONNES / les ingrédients en cours de cuisson / Versez alors quelques gouttes d'huile / Intérêts nutritionnels de la cuisine à la plancha / oligo-éléments / quand on cuit des épinards à l'eau, par exemple / UTILISER UNE SPATULE / régimes minceur / fait toujours la part belle aux légumes / Elle est souvent fournie avec la plancha / ÉPLUCHÉS ET TRANCHÉS / Placez les légumes sur la plancha / laissez-la chauffer un bon quart d'heure à feu assez vif / JE VEUX LA TECHNIQUE ! / Assaisonner les tranches de gigot / au gaz ou à l'électricité / car leur puissance de chauffage est très forte et réglable

Je veux la technique !

Cuire des tranches de gigot

1 Mettre en chauffe la plancha

Essuyez la plancha puis laissez-la chauffer 15 min à feu assez vif.

2 Huiler la plancha

Versez un peu d'huile d'arachide ou de tournesol sur un chiffon blanc et propre puis, sans vous brûler, passez ce chiffon sur la surface de la plancha.

3 Assaisonner les tranches de gigot

Salez et poivrez les tranches de gigot. Selon votre goût, saupoudrez-les d'épices ou d'herbes aromatiques.

4 Cuire les tranches de gigot

Faites cuire les tranches d'un côté pendant 2 ou 3 min puis retournez-les. Comptez encore 2 ou 3 min de cuisson puis placez la viande cuite sur un plat.

Cuire des légumes

1 Mettre en chauffe la plancha

Essuyez la plancha puis laissez-la chauffer 15 min à feu assez vif.

2 Huiler la plancha

Versez un peu d'huile d'arachide ou de tournesol sur un chiffon blanc et propre puis, sans vous brûler, passez ce chiffon sur la surface de la plancha. Vous pouvez aussi verser quelques gouttes d'huile sur la plancha et l'étaler ensuite avec un torchon propre et assez épais.

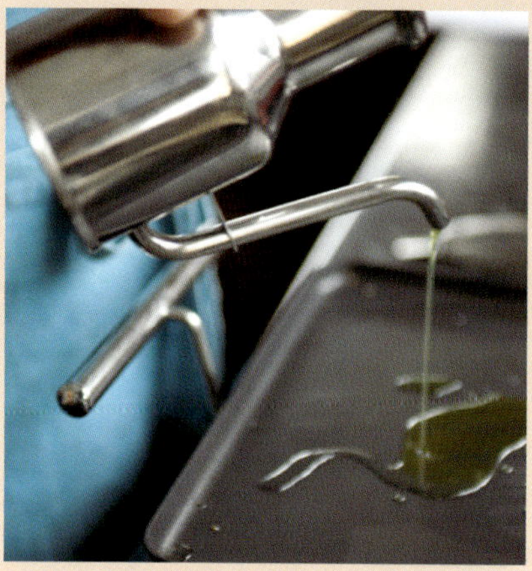

3 Assaisonner les légumes

Placez les légumes épluchés et tranchés dans un saladier et mélangez-les à la main avec un peu d'huile d'olive, du sel, du poivre et les épices et aromates de votre choix.

4 Cuire les légumes

Placez les légumes sur la plancha, sans les laisser se chevaucher, et comptez 5 à 8 min de cuisson en les retournant de temps en temps.

Les différents modèles de plancha

Il existe plusieurs types de plancha mais on peut les classer en deux grandes familles : celles à utiliser à l'extérieur et celles qui se mettent à l'intérieur de la maison.

Les planchas d'extérieur

Ce sont des modèles assez gros, généralement posés sur des pieds métalliques. Ces planchas peuvent être chauffées au gaz ou à l'électricité. Ce sont celles qui fonctionnent le mieux, car leur puissance de chauffage est très forte et réglable. Préférez les modèles à gaz équipés d'une plaque de cuisson en fonte d'aluminium.

Les petites planchas électriques d'intérieur

Il en existe de nombreux modèles, des plus simples aux plus sophistiqués. Leurs plaques de cuisson peuvent être en vitrocéramique, en aluminium ou en matériau anti-adhésif, très pratique pour le nettoyage. Préférez les modèles dont la plaque de cuisson fait au moins 40 x 40 cm, et équipés d'une petite rigole récupérant les jus de cuisson.

Les planchas à mettre sur le gaz

Ce sont des plaques de cuisson le plus souvent en fonte d'aluminium, à poser sur le gaz. Elles fonctionnent très bien mais sont un peu difficiles à laver et à ranger après utilisation.

Les planchas à mettre sur les plaques à induction

Ce sont souvent des modèles pour 1 ou 2 personnes, donc assez petits. Ces planchas sont très pratiques pour cuire de petites quantités d'aliments et très économes en énergie.

Le matériel à avoir

La spatule

Indispensable, elle vous sert à remuer et retourner les ingrédients en cours de cuisson. Elle peut être en métal ou en matière plastique. Elle est souvent fournie avec la plancha.

Le grattoir

Utile pour le nettoyage, particulièrement pour décoller les grosses particules qui attachent naturellement à la plancha.

La brosse

Elle est indispensable pour le nettoyage. Ses poils, faits en matières synthétiques ou naturelles, doivent être assez durs pour pouvoir bien décoller les impuretés.

Le nettoyage

Le bon entretien d'une plancha est une garantie de longévité. Dès que vous avez fini de cuire les produits, coupez le gaz et posez une vingtaine de glaçons sur la plaque de cuisson. En fondant et en se transformant en eau bouillante, ils entraînent les salissures avec eux. Il suffit alors de passer plusieurs fois le grattoir pour obtenir un bon résultat. Si cela ne suffit pas, quelques coups de brosse s'imposent.
Essuyez ensuite la plancha avec un torchon propre. La plaque de cuisson doit être complètement lisse. Versez alors quelques gouttes d'huile et étalez-les avec un peu de papier absorbant. Protégez la plancha avec son couvercle si elle en est équipée.

Intérêts nutritionnels de la cuisine à la plancha

Garde les vitamines

À l'exception de la vitamine C que la chaleur détruit, la cuisson à la plancha est une méthode qui préserve assez bien les vitamines. En effet, pendant la cuisson, les aliments (fruits et légumes surtout) ne sont pas au contact d'eau ou d'huile, dans lesquelles les vitamines ont tendance à se dissoudre. Ils gardent ainsi toutes leurs vertus nutritionnelles.

Parfait pour les régimes minceur

Quand on cuisine à la plancha, on n'utilise pas de beurre, à peine quelques gouttes d'huile. Les recettes ainsi préparées sont donc toujours très légères. Viandes, légumes et poissons cuisent sainement, sans s'enrichir de matières grasses inutiles.
De plus, la cuisine à la plancha fait toujours la part belle aux légumes et aux poissons, des aliments bien adaptés aux cures amaigrissantes.

Garde les sels minéraux, oligo-éléments et antioxydants

Ces substances, que l'on trouve beaucoup dans les légumes, ont une fâcheuse tendance à se dissoudre dans l'eau puis à partir avec au moment de l'égouttage (quand on cuit des épinards à l'eau, par exemple). Cuits à la plancha, les légumes gardent tous leurs nutriments, et mieux encore les concentrent puisque c'est le légume lui-même qui perd de l'eau en cuisant à la plancha !

Attention !

Sur une plancha, ne faites jamais trop colorer les viandes ou les poissons. Ils peuvent dorer mais ne doivent jamais noircir car les protéines, en carbonisant, peuvent donner naissance à des composés toxiques. Si un aliment cuit à la plancha (ou au barbecue) a brûlé, éliminez la partie noire ou ne le consommez pas.

Quelques petits trucs pour réussir la cuisine à la plancha

- Ne jamais laisser les enfants près d'une plancha en fonctionnement.
- Toujours bien faire chauffer la plancha avant de s'en servir.
- Nettoyer la plaque de cuisson tant qu'elle est encore très chaude.
- Utiliser une spatule et non une fourchette pour retourner les produits en train de cuire.
- Éviter que les produits ne se chevauchent quand vous les faites cuire.

À garder sous le coude

s'en sortir sans balance

→ Ce tableau vous donne les principales équivalences poids et volumes pour les ingrédients les plus courants.

Ingrédients	1 cuil. à café	1 cuil. à soupe	1 verre à moutarde
Beurre	7 g	20 g	–
Cacao en poudre	5 g	10 g	90 g
Crème épaisse	1,5 cl	4 cl	20 cl
Crème liquide	0,7 cl	2 cl	20 cl
Farine	3 g	10 g	100 g
Gruyère râpé	4 g	12 g	65 g
Liquides divers (eau, huile, vinaigre, alcools)	0,7 cl	2 cl	20 cl
Maïzena	3 g	10 g	100 g
Poudre d'amandes	6 g	15 g	75 g
Raisins secs	8 g	30 g	110 g
Riz	7 g	20 g	150 g
Sel	5 g	15 g	–
Semoule, couscous	5 g	15 g	150 g
Sucre en poudre	5 g	15 g	150 g
Sucre glace	3 g	10 g	110 g

Mesurer vos liquides

1 verre à liqueur = 3 cl

1 tasse à café = 8 à 10 cl

1 verre à moutarde = 20 cl

1 bol = 35 cl

Pour info

1 œuf = 50 g

1 noisette de beurre = 5 g

1 noix de beurre = 15 à 20 g

bien régler son four

→ Pas facile de connaître la température dans un four ! Voici une table très simple à utiliser et valable pour la plupart des appareils vendus dans le commerce.

Température (°C)	30	60	90	120	150	180	210	240	270
Thermostat	1	2	3	4	5	6	7	8	9

→ Les temps de cuisson donnés dans les recettes peuvent varier légèrement selon les types d'appareils. En effet, dans un four à chaleur tournante, les plats cuisent de manière plus homogène et plus vite que dans les fours qui chauffent à partir d'une source (four à gaz, four électrique).

Rappelez-vous aussi que pour réaliser une bonne cuisson, un préchauffage est toujours nécessaire.

les indispensables en cuisine

→ Pour cuisiner entre potes ou pour des popotes sans souci, il faut avoir sous la main quelques produits tout simples, faciles à trouver.
Voici une petite liste de « basiques », grâce auxquels vous pourrez faire la grande majorité des recettes de cette collection.

Dans le placard

Épices

- Cannelle
- Coriandre
- Cumin
- Curry
- Gingembre
- Herbes de Provence
- Mélange quatre-épices
- Noix muscade
- Paprika
- Poivre du moulin et concassé
- Thym
- Vanille en gousse

Liquides

- Huiles de tournesol, d'olive, de sésame et de noix
- Rhum (pour la pâtisserie)
- Vinaigres de vin, blanc, balsamique et de xérès
- Vin rouge et blanc sec

Condiments

- Moutarde forte et à l'ancienne
- Moutardes parfumées (à l'estragon, au poivre vert)
- Sauce *pesto*
- Sauce soja
- Sel fin et gros sel
- Tabasco
- Tapenade d'olives noires

Et aussi

- Amandes effilées
- Anchois, thon et sardines à l'huile d'olive
- Bouillon cube
- Câpres
- Chocolat à cuire et chocolat en poudre
- Cornichons
- Farine
- Fruits secs (amandes, raisins, pignons, noisettes, abricots, figues)
- Lait de coco
- Levure chimique
- Maïzena
- Miel
- Olives en boîte
- Pâtes de toutes formes
- Poudre de noisettes et poudre d'amandes
- Riz rond et riz parfumé
- Semoule
- Sucre en poudre, sucre glace et sucre vanillé
- Tomates en boîte, concentrées et séchées en bocal

Dans le réfrigérateur

Légumes

- Ail
- Carottes
- Citrons
- Échalotes
- Oignons
- Pommes de terre
- Tomates

Laitages et œufs

- Beurre
- Crème liquide
- Fromage frais
- Lait
- Œufs
- Parmesan

Et aussi

- Feuilles de brick
- Pâtes à tarte (brisée, sablée, feuilletée)

Dans le congélateur

Herbes et épices hachées

- Aneth
- Basilic
- Ciboulette
- Coriandre
- Gingembre haché
- Persil

Légumes

- Champignons de Paris
- Épinards
- Petits pois
- Tiges de citronnelle

Et aussi

- Pâtes à tarte (brisée, sablée, feuilletée)

avoir le bon matériel

→ Pas besoin de grand-chose pour faire de grandes recettes !
Voici une petite liste d'ustensiles à avoir dans la cuisine.

Cuire

- Casseroles (une grande et une petite)
- Moules à tarte et à pâtisserie
- Marmite en fonte
- Plaque à rôtir
- Poêles à fond antiadhésif (une grande et une petite)
- Wok (éventuellement)

Couper

- Aiguiseur à couteaux
- Couteau économe
- Gros couteau dit « éminceur »
- Petit couteau
- Petite planche à découper en plastique

Mélanger

- Saladiers
- Cuillères en bois
- Fouet
- Spatules

Divers

- Batteur électrique
- Essoreuse à salade
- Ficelle de cuisine
- Mixeur
- Passoires (une fine, une plus grosse), ou chinois
- Rouleau à pâtisserie
- Verre-doseur

Table des recettes

Table des matières

VIANDES

JE VEUX LA TECHNIQUE !

À GARDER SOUS LE COUDE

Ma recette qui dépote...

Ma recette qui dépote...

Remerciements

Pour Manu et David Rafaillac, quelques recettes de plancha, après la belle soirée et les grillades de cet été !
PS : Quand c'est noir, c'est cuit.

Stéphan

Toutes les photos de reportage ont été réalisées par Philippe Vaurès-Santamaria.

Direction, Catherine Saunier-Talec
Direction éditoriale, Pierre-Jean Furet
Responsable éditoriale, Brigitte Éveno
Conception graphique, Dune Lunel
Réalisation, Les PAOistes
Coordination et suivi éditorial, Raphaële Huard et Mélanie Le Neillon
Fabrication, Amélie Latsch
Partenariats, Sophie Morier (01 43 92 36 82)

L'éditeur remercie Jennifer Joly pour son aide précieuse et ses relectures attentives.

En partenariat avec BOSCH électroménager http://www.bosch-home.fr

Imprimé en Espagne par Graficas Estella - dépôt légal : août 2011
23-01-0388-02-1
ISBN: 978-201-230388-1